道は無限にある

道路无限

[日] 松下幸之助 著

王亚楠 译

人民东方出版传媒
People's Oriental Publishing & Media
東方出版社
The Oriental Press

前　言

当我们持续处于良好状态或者事情进展顺利时，我们很容易陷入舒适区。之后就会安于现状，追求新事物的热情逐渐减退。这是我们人类的惯常心理，也是不可避免的现象。但是，如果长此以往就会跟不上不断变化发展的时代潮流，最终停滞不前。

因此，我们要保持不断追求新事物的心态，并且坚定地去做该做的事情。只要我们能够在日常生活和工作中保持这种心态，与一年前相比我们今天的状态将自然而然发生改变，一年或者五年后的今天将会涌现出新的生活形态和工作方式，不管是个人还是企业，都将取得巨大的进步。

也就是从这个视角出发，我深感"道路无限"。

重要的是我们须有强烈的信念，并且充满激情地去实践。不可思议的是，只要我们充满热情地努力，自然就能知道该做什么，应该做的事会一件一件地自动出现。

当今世界，社会变化日新月异，各种难题也随之产生。但正因为如此，只要我们以与时俱进的心态积极热情地投身于每天的工作和活动，就能不断获得更好的智慧。

我希望大家都能以与时俱进的心态面对工作和生活，希望我的经验能够给予你们一些参考，这是我把自己过去给年轻人和青年员工讲述的东西结集成书的原因。如果这本书能够在某种程度上对大家有所帮助，这将是我的荣幸。

松下幸之助
一九七五年五月

目 录

第一章 怎样渡过难关 / 001

　　坚定的意志 / 003

　　不容欺骗的社会 / 006

　　直面困难 / 008

　　矢志不渝 / 011

　　面对困难，心态要好 / 014

　　越是困难，越见真实力 / 016

　　必须有自己的一念 / 020

第二章 坚定信念 / 023

　　巨大的力量在驱使 / 025

　　边迷茫边前行 / 028

　　具备企业意识 / 032

　　培养产业人精神 / 036

无论世界多么混乱 / 040

常怀忧虑之心 / 043

第三章 增强实力 / 047

即使成不了名家 / 049

自我认知的重要性 / 053

努力训练 / 056

如何增强实力 / 059

成为独当一面的人 / 065

衡量成长值 / 070

第四章 为了美好未来 / 075

变化的心 / 077

说服他人的能力 / 080

努力做好平凡的工作 / 086

追求有意义的工作 / 089

倾听末席的声音 / 092

帮助老板保持年轻 / 097

第五章　审视人类自身 / 099

　　作为人的尊贵 / 101

　　丰富精神生活 / 103

　　人类忘记了自己的尊贵 / 108

　　常怀喜悦 / 111

　　为什么倡导 PHP / 115

第六章　思考国家 / 121

　　爱自己，爱国家 / 123

　　认清自我 / 127

　　旁观者的出现 / 130

　　在传统的基础上推陈出新 / 133

　　展望日本的未来 / 136

　　人人自力更生 / 139

第七章　探求真理 / 143

　　激发勇气 / 145

　　坂本龙马的智慧和勇气 / 147

燃烧的激情 / 150

工作的目的 / 154

制订决策 / 158

第八章　严酷生存 / 163

避免失败的方法 / 165

全力以赴 / 169

兴趣和职业 / 172

制订每日的计划 / 177

第一章

怎样渡过难关

坚定的意志

我想，你们为了顺利毕业一定在学业上付出了巨大努力。有些人可能天生非常优秀，不认为这是一件很辛苦的事情。但是，我相信你们在考入学校和毕业时都付出了相当的辛劳，经历了激烈的竞争，才能在今天的社会脱颖而出。然而，在现实社会中，你们将面临比这些更难、更大的挑战。

有些人对这个世界不屑一顾，做任何事情都是随便的态度，这也许是可行的。但是，也有一些人认识到责任的重要性，并为履行自己的责任而不断努力。在此过程中，有时可能也会感到无力。即便感到无力也勇于面对，毫不动摇地去突破障碍，正是这种心理使我们得到更好的成长。

就我们的生意而言，绝不是像做梦一样轻轻松松就走到今天的。我们也曾多次遇到资金链断裂的情况，发愁："明天没有钱支付，怎样才能筹措到钱？"在一个大年三十的晚上，为了支付一笔当天必须得付出去的钱，我曾经晚上十一点出去筹钱。一般来讲，晚上十一点钟去要账一定会遭受责备，但是那天刚好是大年三十，就算是过了十一点钟大概也无妨，于是我决定去筹钱。我向对方讲述自己的难处，对方把仅有的一部分钱还给了我。类似这样的情况时有发生，也正是这些经历塑造了我们公司的今天。

这不是我们一家企业的难题，在世界各地，所有能称之为成功的企业都面临着这样的困难，都在为克服这些困境而不断努力。作为个人也好，作为社会人也好，我们会度过一些愉快的时刻，例如一起喝酒、举杯庆祝。然而在某些场合，就像各家公司通过克服这些困难而取得今天的成就一样，作为个人，我们也必须在面对困难的时候保持坚定的信念，坚决不动摇地直面困难，不断努力，坚持不懈。不经历困难，我们就无法锻造出真正的人类之魂。

不容欺骗的社会

就公司而言,经历各种困难、不断经受磨炼的公司一定具有某种坚韧不拔的品质。而那些只是凭借经济红利而在人力等方面发展起来的公司,当经济不景气时就会步入死局。这样的例子不胜枚举。由此可见,实力是由自己决定的,作为一家公司,只有实力才是决定其稳定和繁荣的最关键因素。

由公司推及个人,也是如此。就如同相扑,一个力士要想升入幕内,成为前头、小结,或者大关、横纲①,归根结底还是要取决于他的实力。如果一个力士没有足够的实力,无论他内心多么渴望,也不

---

① 相扑力士共分为十个等级,依次是序之口、序二段、三段、幕下、十两、前头、小结、关胁、大关、横纲。横纲是最高级。——编者注

管他有多么强大的后援,他连小结也做不到,就更不用说成为大关或横纲了。我相信,这个道理大家都能理解。

我们的人生,虽然不像相扑那样一目了然,而是更加复杂多变,但最终决定一个人的工作、地位和待遇的还是他的综合实力。

因此,可以说这是一种不容忽视的力量。这个世界从来不容忍欺骗,它是像神一样的存在。所谓像神一样,是指它对公司和个人做出的判定和评价是绝对客观的。因此,一个公司未来是否能够迎来蓬勃发展,取决于它的综合实力。

不管我们如何期待,只要综合实力不够强大,社会还是会将其评定为 B、C、D 的低等级。相反,如果实力不断增强,社会就会将其评级由 B 提升到 A,甚至提升到比 A 更高的等级。这就是综合实力的体现。我认为社会正是这般不容欺骗的,这是我对社会的看法。

直面困难

自我激励

当你们进入公司后,就会发现公司不可能在所有方面都是理想状态,甚至可能远远低于普通水平。如果真出现了这种状况,你应该更加关注它,这表示这家公司有改善的空间,能给你带来更高的工作价值,能激起你想要努力改变的斗志。不论做什么,即使遇到了一些困难,也应该在面对这些困难时寻找到意义。

我在过往五十多年的工作经历中,也遇到过各种问题,也曾困难重重,甚至有过想要干脆放弃的时候。但是,我还是咬牙告诉自己不能放弃,"艰难困苦,玉汝于成"。所以,经历过这些困难之后的公司一定会越来越好,我一定要咬紧牙关继续努力下去。

你们也许正从事着不符合自己心意的工作，但这并不意味着你们会一直做这份工作。因此，不妨将这份工作视为一种人生体验，更重要的是思考这份工作将会对你以后的人生产生什么样的影响。现实生活中一帆风顺的人，看起来他们的生活比较顺遂，但因为没有经过磨炼，往往有一些不自知的弱点。所以，我们面对各种复杂的意料之外的困难时，要勇于挑战并竭尽全力去解决问题，这也是对自己的历练，能帮助我们成为更好的自己。

一切皆为对自己的磨炼

我在职业生涯中，也遇到过各种困难。例如，产品已经售出但买家不付款等情况。这看似并不是多大的事情，但对公司而言，大家辛勤劳动创造出来的产品却换不回钱，辜负了很多人的心血。这不仅仅是金钱上的损失，也是对大家工作价值的轻视，这才是最痛苦的。不可否认的是，现实生活中确实存在这种事情。我也是克服了这些困难，调整自己的心态，才一步一步地走到今天的。

如果没有经历过这些困难，即使公司经营日渐好转，也可能隐藏着某些暂时看不见的问题。幸运的是，我们的公司在困境中挺了过来，克服了诸多困难，并扭转了接二连三出现的不良局面。因此，公司整体发展健全，没有出现大的问题。

所以，我认为，尽管大家在未来会面临各种各样的问题，但如果每次都能抱着积极的心态将这一切视为磨炼、提升的机会，就一定会从中找到解决之道。

矢志不渝

前所未有的危机

现在，无论在经济方面还是在社会方面，日本都面临着前所未有的危机。近来，虽然已经有一些人意识到了这一点，意识到其中的严重性，但仍有许多人对此过于乐观，看不到其中的厉害。这种过于乐观的想法，并不会改变情况正在逐渐恶化的事实。这种情况实在是很难处理。

但是我想，当我们直面这种困难情况时，才能真正地回归日本人的本性。在上述乐观想法大行其道之时，无论发生什么，人们都很难改变他们的心态，或者激起他们的干劲儿。

我们不知道问题在未来会以怎样的形式出现，但无论如何，情况都不容乐观。正因为如此，我们才能迎来一个重大的转折点，借此机会使日本能够真正通过自己的力量实现重建。因此，我们不应该只是悲观地看待这种危机，虽然这的确是一件令人悲伤的事情，但只要时机成熟，危机也能转变成我们通过自身力量实现强大事业的契机。

在这种时刻，我们必须矢志不渝。即使遇到困难，也要坚定信念，勇敢地接受挑战，不放弃，不屈服，以实现自身的再建。

接受现实，重新站起来

第二次世界大战后，要说日本哪个城市重建得最好，第一名是广岛，第二名是长崎。反之，哪些恢复得较慢呢？是那些没受到重创的城市。由此可见，困难也能变成发展的转折点。

当前日本面临重大危机，各种问题层出不穷。我们应该坦然接受现实。只有勇于承认这些问题并坚定地面对它们，我们才有可能通过自力更生实现日本的重建。因此，越是在这种时刻，我们越应该保持乐观的心态和坚定不移的信念。

面对困难，心态要好

如何看待困难

前文我们讲到面对苦难时不能失了志气，现在我们来谈一谈困难本身。我们今天视之为困难的事情，明天很可能就找到了解决方法，我相信你们也曾有过这种经历。同样，今天想不出来的事情，明天可能灵光一现就有了思路。我们的思想是无限的，只要有足够的时间，它就会变得无限。

人类的历史已经证明，三十年前完全无法想象的事情，今天一一成为现实。这只是人类发展过程中的一个片段。由此可见，绝对困难的事情并不存在。一件事情是否困难，取决于人们是否认识到它的困难性，以及能否找到突破难关的方法。

可能大家会说，口头上说得容易，实际操作起来很难。但是，如果你认为它很难，认为自己做不到，那你就是在否定自己。正因为你认为做不到，最后的结局也就以失败告终。但是，如果你相信自己能够做到，我相信你会有无限多的新思路涌现出来。

因此，今天对于我们来说最重要的是，首先要认识到我们正处在非常困难的境地，这不是一件容易的事情。在这种清醒认知下，我们也要深信，虽然很困难，但并不是无法克服的。只要我们有决心，就可以找到方法渡过难关。同时，我们也可以用这种心态审视自己的工作和行为。在这种心态下，我们会发现随处都有解决问题的方法和前进的道路。

越是困难，越见真实力

越面临考验越坚定

在困难和混乱时期，采取合适的方法处理每件工作当然是非常重要的，但更重要的是消除内心的游移和困惑，坚定自己的内心。

如果你能毫不犹疑地直面问题，那你就有可能提出最合适的解决方案。反之，如果你在困难面前惊慌失措，就很可能最终失败。俗话说"贫穷使人迟钝"，就是这个意思。

越是处于高位，越要保持坚定的信念。所谓靠着信念生存，你必须在内心坚定这种信念。这样，当面对问题时，你才能采取合理的措施去解决它。

在当前困难的情况下，坚定的信念是非常重要的。无论经济怎样低迷，我们也不能为其左右，而是要深思导致这种危机的原因，然后在公司或者组织内部，基于各自的方针政策和个人的经验，拟定合理的处理措施。

不管是公司还是个人，每当需要解决问题时，才能看出真正的实力。如果无事发生，就无法了解一个公司或一个人真正的价值。以前也经常有人说，在有事情发生时才能真正了解一个人。

因此，正是在这样的一个转折时期，公司的真正实力才能被展现出来。就个人而言，也是如此。我们应该全方位考虑，在这样的混乱时期，我们能够做多少工作发挥多大的作用，这也是自我检测的机会。

不景气中蓬勃发展

关于这个问题，有这样一个小故事。在1957年的经济不景气期间，竹中工务店举办了一个活动，我也受邀参加，并见到了竹中工务店当时的顾问竹中藤右卫门先生。当时，我突然问道："竹中先生，因为经济非常不景气，您一定更忙了吧？"当时已经年近八十岁的竹中先生紧紧地握住了我的手，激动地回答："松下先生，您看出来了？"

于是，我也说道："我之所以这么说，是从贵公司的日常表现判断出的。看到贵公司平时的状态就能知道，一旦遇到经济不景气，你们的业务反而会增加不少。"看起来竹中先生也是这样想的，他非常感激地握住了我的手。

我想，在竹中先生的内心深处一定也认为，平日里辛勤地培养员工、重视客户和需求方，不断努力的真正价值也正体现在这里。正巧我说出了他的心里话，他感觉遇到了知己，所以才会这样激动。从那时起，竹中先生的事业发展得越来越好。

经营企业的人，必须认清一件事，在经济好的时期，即便不那么努力或服务有所懈怠，也能多少有一些订单。因此，这种时期对经营的要求比较宽松。

但是，当经济变得不景气时，购买方就有了充足的时间仔细斟酌，充分衡量产品、经营和经营者后才决定买与不买。因此，运营良好的公司和重视员工培训的公司或商店，在经济好的时候发展势头自然很好，但即便是在经济不景气的时候也能蓬勃发展。

必须有自己的一念

拥有坚定的信念

前文谈了一些严肃的话题,接下来我想谈一谈弘法大师。不久前我去了弘法大师开创的山岳——高野山,并在那里住了一晚。那一晚,我深深地领悟到一些东西。

高野山是一个偏僻的地方。当然,现在已经开通高速公路、火车和缆车,算是比较方便了。但是,一千多年前弘法大师开创高野山的时候,我们无法想象有多不便利。我不知道他为什么要在那样一个偏僻的地方建立一个如此大的道场,他的心思我并不了解,但是他做得非常好。我想,他一定有非常坚定的意志或者说决心。

据说,他曾一度在那里建了一千多座寺庙。虽然现在已经没有那么多了，但在当时非常壮观。由此可见，在那个不便利的时代，在这样偏僻的地方建立道场，弘法大师一定有非常强烈的意志和决心。

当然，我们无法模仿弘法大师。但我想，如果我们能拥有他信念的十分之一、百分之一甚至于万分之一，也许就能摆脱某种困境。

这次高野山之行，我学到了非常多的东西。虽然还没有达到弘法大师的境界，但只是看着那座山，我就获得了很多启发。人类的心灵、一念、信念，竟然可以创造如此伟大的事情。我深受感动，决定也必须有自己的一念、信念。

我从那件事中获得了非常大的勇气，决心要努力做好一份工作。当然，我们并不能完全按照自己的志向去做所有事情。但是，在可能的范畴内，我想我们还是能够实现自己的目标的。为此，我们需要持有一种与自己能力相匹配的信念。

我们必须培养这种与自己能力相应的信念，比如"我想做到这件事，我想尽可能正确地做这件事，尽可能不犯错误"，就如同弘法大师所示范的那样。

我们每个人都应该拥有一种与自己的能力相适应的信念，希望能够为社会、为世界做出一些贡献，这是非常重要的，同时这也是一种我们人类共同的高贵活法。

第二章 坚定信念

第二章　坚定信念

巨大的力量在驱使

虽说是个人意志

大家主动应聘目前所在的公司并成为其中一员，并不仅仅是因为自己主动参加面试后成功入选。虽然是自己主动报名参加的，但这背后肯定还有某种驱动自己的力量。换句话说，也可以看作是一种命运。

我创立自己的企业是因为我认为电器产品将来会成为社会必需品，所以决定自己生产电器产品。然而，回顾过去的五十多年，我想这不仅仅是我个人意志能决定的。虽然我决定生产电器产品是出于个人意志，但这并不是全部，也许是我生命中注定要从事这份工作。因为，我相信自己并不是仅仅凭借自己的意志就做出这个决定的，而是被更大的力量驱使着。这种想法促使一种巨大的力量,或者称之为决心的东西应运而生,一直影响着我的行动。

表面看来是单纯依靠个人的意志做出决策,这种想法只会让我们心胸狭隘。我想,我们是被更大的力量驱使着行动的,虽然这种想法可能不是每个人都能接受。

强大的安心感

现实生活中,工作的好坏非常重要。然而,在工作好坏之外还有着巨大的使命或自然规律的问题,我们必须忠实地遵循它,顺从它,除此之外别无他法。如果我们能这样想,也许就能更安心一些。

依据个人的思考来裁夺是非判断善恶,这是自然的,也是非常重要的。然而,仅仅依据这些人的内心偶尔会产生动摇。虽然说不顾一切也许有点夸张,但从顺从这种重大使命和自然规律的态度中才会产生不顾一切的魄力。

　　能否感受到工作的价值，两者之间有着非常大的不同。当然，对自己从事的工作很感兴趣，时时感受到自己工作的意义，从而能感到生命的价值，这是不言而喻的。但即便如此，有时也会迷茫、动摇。

　　我们的看法和想法会随着时间变化而变化，如果仅仅因此就改变自己的一生，这会使人们产生不安定感。虽然这很重要，但同样重要甚至于更重要的是拥有一种达观的态度。在这条路上，尽最大努力，我们就可以安心地工作。

边迷茫边前行

何谓人生

一个非常实际的问题,你们作为公司员工在工作过程中一定会遇到各种各样的问题。开心的事情、悲伤的事情、愉快的事情,各种各样的事情都可能会发生。我想,这就是人生。如果没有这些东西,人生会非常枯燥、乏味。人生在世,有时愤怒,有时悲伤,有时感到不满,有时非常开心,有时工作进展顺利,心情愉悦,感受到生命的意义。人生就是这样,是各种经历的集合和连续。

对于你们来说,这些事情将会不断发生,我认为经历这些对你们是有助益的,是必要的。当然,当你感到无趣时,你也许会想要离开这家公司去其他公司,其他公司可能会更有趣。然而,你也清楚，留在现在的公司并继续努力工作是最好的选择。

这个决定并不是仅仅依靠你个人的意志做出的。你能进入这家公司，不仅取决于你自己的意愿，还有公司的选择以及周围人的支持，这是一种纽带或力量在起作用。同样的，我们既然生为日本人，就不能脱离这个身份，这也决定了我们不能成为外国人。即使我们改变了国籍，皮肤的颜色也不会改变。因此，我们最终必须一直保持日本人的身份——拥有这种决心和魄力是非常重要的。

否则，我们将会一直感到不安、动摇、迷茫。然而，如果我们有上述的决心，就不会迷失方向。虽然作为个人可能会有微小的心理波动，但基本不会有太大的动摇。长此以往，我们的工作能力将得到提高。人们常说"勇往直前"，但真正能够做到坚定不移地一直前进的人很少。我们每个人都在迷茫中前进，虽然迷茫，但只要不偏离前进道路，最终会走到终点，这就是人生。

尽管有些人很讨厌

我认为保持达观的态度，具备一定的觉悟，非常重要。因为公司里的人形形色色，有合得来的，也有合不来的。即便是身处高位的领导，也不一定全部都好，他们既有好的一面，也有不好的一面。大家有时会看到那不好的一面，心生不悦，认为在这种人的手下工作实在烦心。但是，不管我们跳槽到哪里，领导没有完美的，一定有其好的一面，同时也有其不好的一面。这就是社会现实。

朋友之间，也是如此。没有十全十美的朋友，你会从朋友身上看到好的一面，也会看到不那么喜欢的一面。但是，你不会因此就决定与之绝交。我们应该互相包容，站在对方的立场上理解对方，这样才能将友谊长久地维持下去。

在公司里，不仅是上司，同事也不全是你喜欢的，其中也会有令人不快的人。但是，如果因此就心情低沉，这是一种消极的心态，会影响自己和同事的心情，我们一定要避免这种情况的发生。既然现实是这样，倒不如说自己该说的话，自由地表达自己。如果没有这样的想法作为理论指导，我们将会摇摆不定，非常痛苦。

具备企业意识

国家意识与个人意识

最近我经常会想，我们日本人应该拥有更强烈的日本人意识和国家意识。尽管现在有一些人倾向于认为拥有国家意识是一件不好的事情，但我认为拥有国家意识并不一定是坏事。因为如果一个国家各方面都很健全，是一个各方面都值得骄傲的国家，那拥有国家意识就不会是坏事。如果只考虑一个国家的负面，这个国家将成为世界的负担；但如果是好的国家，就会像好人一样被大家喜欢。

从国民个体的层面来说，有模范好人，也有犯罪后被逮捕入狱的人。个体没有好坏之分，只是根据每个人的思考方式和行为来判断另一个人的好坏，以及决定其是否会被社会接纳。

在国家层面上，如果是一个好的国家，拥有国家意识就完全没有问题。这样的国家将成为世界的榜样，并通过拥有许多友邦为世界的发展做出贡献。个人不应该只考虑自己的事情而不顾及他人，也不应该因自己的需求而限制他人的财产或企业，国家同样如此。

拥有正确的国家意识并不是坏事，相反，是十分必要的。然而，有些人认为，国家意识会让人犯错误，或者认为利用国家意识提升国家的凝聚力是错误的做法。这是非常错误的想法。

以此类推，岂不是拥有个人意识也是一件不好的事情吗？但事实是，拥有个人意识并不是一件坏事。而且，每个人都渴望成为优秀的人，每个人都尽自己最大的努力成为优秀的人，这是每个人的义务。

因此，每家公司都应该有自己的传统和公司意识，内部全体员工也应该协力创造一家备受社会欢迎和肯定的优质企业。所以，那些公司意识淡薄的企业将会很难发展，而拥有这种意识的公司，每个人团结一致通力合作，再加上积极践行公司的使命和目标，就一定会发展壮大。

激发企业意识

第二次世界大战后，日本人普遍把国家意识、集体意识视为错误的东西，但事实绝非如此。现在（1975年），最具有国家意识的是以苏联为首的社会主义国家，或者发展中国家。每个国家都有缺陷，苏联也不完美。然而，在看到苏联时，他们似乎更强调自己的优点而不是披露自己国家的缺陷，这表明苏联有着强烈的国家意识。

所以，不管是社会主义国家还是资本主义国家，皆如此。然而，只有日本似乎认为具有国家意识已经过时，而且似乎在公司中也不再有企业意识。一般情况下，当战争失败或公司濒临破产时，国家意识和企业意识反而会被激发出来。但是，最近的日本却截然不同。

激发自己公司的传统精神和员工意识，是非常重要的。如果不这样做，每个公司的发展都将变得软弱无力。当然，如果公司的发展对大家来说是不幸的事，自然应该停下来。但是，如果公司的发展对大家都有好处，同时还可以为社会做贡献，就应该培养强烈的企业意识，并在企业意识的指导下工作。

如果公司的行为对员工和社会都没有好处，也许就不应该有企业意识。但是，如果公司的发展可以促进社会的发展，同时也会使工作的每个人受益，大家都应该更加强烈地拥有企业意识，并协助公司实现其目标。

培养产业人精神

产业人的第一步

前文讲到员工具备公司意识的重要性，在此基础上，我想探讨一下新型产业人应该是怎样的。我认为首先还是应该从了解产业的重要性开始。我们都知道，产业在我们的人类生活和社会生活中扮演着重要的角色，因此，我们第一步是了解产业的重要性。同样，理想的人格也应该从深刻认识这一点开始考虑第一步。产业人的存在将直接影响国家的兴衰。

政治无疑是非常重要的。历史告诉我们，政治走向决定着国家的发展和衰落。我们国民必须认识到政治的重要性。但在现今的日本，政治似乎被极度轻视，因此政治家们也被低估。在这种情况下，我认为日本能否诞生更好的政治是有待商榷的。

不管怎么说，政治都起着关系国家兴衰的决定性作用。因此，作为国民，我们必须高度关注政治，并履行我们作为国民的政治责任。所以，选择称职的政治家，并尊敬这样的政治家，对于国家发展来说非常重要。然而，目前的情况并非如此，政治本身被轻视，人们对政治家的评价也不高。在这种情况下，要真正实现国家的繁荣是非常困难的。

作为构成国家的国民，我认为我们应该重视政治，并为了我们的国家能拥有更好的政治而共同努力。

产业人精神

同理，经济的繁荣也是非常重要的。所以，产业人必须重视经济，并将自己视为产业人，而国民也必须这样理解。从中，我们可以了解到产业人的重要角色，这是经济发展的基础。

因此，如果我们轻视经济活动，使其不被大众看到，经济发展就会受到阻碍，国民生活也无法得到改善，也就必然走向贫困。因此，我们必须明确地认识到经济活动和产业人的重要性，不仅仅是个人，还包括社会和整个国家，这也是我们培养出优秀的产业人的前提条件。

古代的武士都有作为武士的尊严。因此，武士不仅要身体强壮，还必须成为最优秀的人。他们不仅要学习，也要深知人情世故。他们必须在面对正义时勇敢地挺身而出。同时，还必须保持实战以便变得更加强壮。这才是武士道精神的内涵，也是武士道精神受到尊重的原因。

如果一个武士仅仅因为自己的武力强大就欺负他人，这不是真正的武士道精神。我们的祖先，即使是一般市民，在某种程度上也理解武士道精神，并且很尊敬武士。因此，当有武士做出不好的事情时，他们就被认为不配做武士。如果没有这样的高尚品质，就不能被称为武士，这才是古代的武士道精神。

那代替武士道精神的现代产业人精神又是什么呢？虽然具体内容有所不同，但如果没有类似的意识，也不能称为真正的产业人。仅仅出于个人利益的产业人，并不能称为真正的产业人。真正的产业人必须认识到产业的使命和重要性，通过产业的繁荣，促进社会发展和繁荣，使人们的幸福得到保障，国家和世界也能得到发展和和平。如果没有这种意识，就无法培养真正的产业人。今天，我们有多少人有这样的意识呢？当然有一些人能认识到这一点，可以从自己的工作中感受到价值和尊严，并引以为傲。但是，并不是所有人都有这种意识。

他们可能只是为了生计而不得不作为产业人工作。如果这样，就不能创造出好的产业，也不能成为优秀的产业人。

无论世界多么混乱

忧患常伴左右

当今社会，绝对安心的处境是不存在的，每个人都在面临着某种威胁和担忧，并在这种担忧中过着日常生活。即使是我们的公司，也有很多人私下议论："那家公司没问题，因为它有相当好的业绩，也做了一定的研究，所以那家公司不会倒闭吧。"

但是，我们自己绝不会有这样的想法，我们每天都身处战斗和竞争中，时刻面临着各种威胁，稍有差池，明天我们的公司就可能消失。因此，我们必须持续不断地努力学习和工作，绝不能安逸下来。正是因为这样，我们才努力生存到今天。

我们每个人都有自己的担忧和危机感。如果有人没有这种感受，他要么是一个特别伟大的人，要么是有些麻木了。通常来说，每个人都常怀忧患，但我们必须在忧患的同时不懈努力。无论处在什么位置的人，都是如此。实际上，绝对安心的工作是不可能有的。

无论身处何地都可以生存下去

国家也是如此，每天都受到各种威胁。当然，国家面貌千变万化。英国被认为正在衰退，这个曾经被称为大英帝国的国家陷入了巨大的困境。最近的美国也越来越难以做到像之前那样援助其他国家。在某些方面，他们甚至寻求与日本的合作。这就是国家间此消彼长的现象。

一般来说，我们个人或某一家公司，通常会面临更激烈的变化。虽然很常见，但重要的是要努力逆转这种变化，开创自己的道路。不用努力，不用担心，轻而易举取得成功的事情是不存在的。因此，今天的各种变化和担忧、对于工作进展不顺的烦恼、对于未来的担心都是我们必须面对的事情，我们要允许这些存在。

然而，尽管如此，无论身处何地都可以生存下去。无论世界多么混乱，我们都可以精彩地生活下去。特别是在今天的日本，人们身处和平年代，不必经受战乱。因此，我们还有很多道路可以进一步发展，重要的是要坚定这种信念，努力学习和工作。

常怀忧虑之心

战胜不安

虽然我认为可以常怀忧虑,但是在这个世界上,对于同一件事情,有的人能够悠闲地过日子,没有任何烦恼,也有人会神经紧张而烦恼并感到疲倦。

我个人倾向于直面不安,可以说我从来没有完全安逸过。我总是感到不安,也一直在挑战这种不安,并为打破这种不安而持续努力。我想,我们每个人都是如此。如果没有这种不安,就不会有想要克服它的动力。这种状态也许是一种幸福,但它会使我们停滞不前。

请大家仔细思考,无论是生活还是工作中,我们是不是都身处不安中。思考越多,就越不安。如果你是生意人，你可能会因为产品销量不好而不安。所以，如果你仔细想想，没有什么事是完全安心的。但如果从另一个角度来看，你也可以感到活力无限，因为你要朝着克服这种不安的方向前进，这能给你带来生活的乐趣。如果我们一直身怀不安，并努力克服它，就一定能取得非常大的进步和提升。

在商业中，那些非常努力和用心的人往往会有某种不安，这就是人类的常态，也正是人类的生命意义所在。所以，让我们常怀忧虑之心吧。在此基础上，让我们努力克服这种担心走向进步。

静静想一想，我们会发现没有一个安宁的状态是持续不断的。社会形势在不断变化，我们的工作也在不断变化，这种变化意味着我们必须应对它。如何应对这些变化的问题也在不断出现。虽然这一切都很令人不安，但同时也会让我们心情澎湃，因为我们在这些不安中诞生出许多新颖的想法。

身处危险之地

这就是人类的本质。我们的工作和社会情况都在不断变化，我们每天都面临着如何应对这些变化的问题。

举个例子，我们每时每刻都面临着死亡的威胁。在有汽车行驶的地方，我们无法保证不会因为驾驶失误而遭遇事故。所以，我们随时可能失去生命，每天都在面对死亡的挑战。

静下心来想一想，可以说绝对安宁的生活是不存在的，我们总是以某种方式处于危险之中。对于这种危险，我们是否有准备呢？当然各种情况都有，有些人做好了准备，能够泰然面对，也有些人对此毫不在意，也能做到泰然自若。

我们无法轻易地判断哪种情况更好。我认为，那些意识到日常危险并且正面面对的人，以及那些对工作和生活持积极态度的人，才是能够创造出新东西的人。如果人处于安逸的生活状态下，三年后就会失去斗志。虽然这听起来很舒适，但这种人可能不会拥有真正的实力。只有在不断感受到某种危险并且采取应对措施、摆正态度的人才能真正获得实力。

第三章 增强实力

即使成不了名家

摒弃私心

我们都希望自己的工作或事业取得更好的进步，然而，要明确自己的目标和找到更好的路并不容易。不同的人有不同的方法，对我来说，寻求正确道路的基础是净化自己的内心，摒弃私心，开始真正素直地看待周围事物。

假设有两个物体，它们分别是金和银，我们一眼就能区分它们。但如果它们被泥土覆盖，我们就无法区分哪一个是金，哪一个是银，这就是问题所在。如果我们清除掉泥土，就会发现其中一个是金，另一个是银。这并不容易，但我们必须将心境提高到能够达到这一点。

再举一例，据说钻石原石看起来很脏，与普通的石头没有什么区别。如果我们把它扔掉，就相当于抛弃一颗宝石。然而，对于行家来说，他们知道那是一颗钻石。

因此，如果我们想找到正确的道路，还是要净化自己的心，摒弃私心，以这种心态去判断事物。如果我们充满欲望和私心地去经营公司、处理工作，就会像想抓银却只抓到铜一样，不断走向失败。

高手与普通人的区别

有一个成语叫百发百中。对于名家来说，他们可以做到百发百中。但对于外行来说，就不可能做到了。多打几枪，其中可能会有一两枪命中。经营也是这样，做一项工作时，人们很难达到名家的水平，但是却可以成为高手。如果连高手的程度也不能达到，那么此人即使担任经营者或者负责某项工作，最终也无法做好。要做好经营，经营者首先需要放下自我，全身心地投入工作。从这个角度出发，自然就会知道自己应该做什么。每天思考一次，或者每隔一天思考一次，自问自答，这样的心态是必要的。

但是，我们人类很难做到这一点。通常情况下，当地位提高时，我们就会更多地考虑如何进一步提高地位，很少有人自觉意识到地位的提高意味着责任也更重大。

自我觉察的重要性

前文提到不带私心地看待事物很重要，我称之为"自我觉察"。人很难清醒地认识自己。富士山从远处看去是一座非常美丽的山，人们看到它时不禁生出崇敬之意，甚至感慨"富士山真是神圣的山"。但当你走近，它就没有那么惊艳了。它是由石头和洞穴组成的，实际上非常丑陋。远观方见全貌，所以可以说，我们是很难看清楚自己的。

如果你要自我觉察或自我审视，该怎么做呢？首先，把自己的心从身体里抽离出来，站在远处观察自己。这样，你就可以了解自己的外观、说话方式，以及哪些方面需要改进。当然，这很难，不是所有人都能立马做到的。如果你无法自我觉察，就需要让他人观察你，这是问题的关键。

如果朋友或前辈能够帮助你观察自己的外表、长处和短处，你就能获得相应的了解。你也可以向周围人求助，比如下属、前辈、上司等。只要你有渴望了解自己的愿望，就可以寻求他人的帮助。我想，这与自我觉察的结果是一样的。

旁观者清。但如果你不愿听取他人的意见，这也毫无用处。如果你想自我觉察，想让他人观察自己，让他人指出自己的缺点，以便今后不再犯错，更好地履行自己的职责，只要你有上述的心态就一定可以做到。通过自我觉察，你会渐渐明白该做什么不该做什么。坚持这么做，即使你不能成为名家，也会变成高手，这样你八成能把事情做成功。

自我认知的重要性

深究失败的原因

自我认识可能和自我觉察类似,但更重要的是你不高估自己的能力。大家对于自己当前的综合能力处于什么水平以及如何培养能力有清醒认知,这一点十分重要,这也可以称为自我认知。如果大家在清醒自我认知的前提下工作,即使会出现一些小失误,也绝对不会有大失误。

这种自我认知相当难做到,但是,评估公司整体实力比个人自我认知更困难。评估自己已经很难了,评估公司的总体能力更难。但是,必须在一定程度上进行这种复杂的认知,否则无法真正做出正确的工作安排。

公司的经营者需要制订各种计划,这些计划的前提必须是对自己的能力有足够的认知。如果对这种能力的评估出现错误，大的失误就难以避免。我们公司过去曾经历过很多失败，说起失败的原因，归根结底都是评估公司的能力有限。无论是社长、高管还是部长，如果在推进自己负责的工作时出现失误，必定是自我认知出现了错误。这种错误可能小到他们个人没有认清自己的能力，或是错误评估了他们部门的综合能力。他们在这些错误的基础上制订并执行工作计划，失败也就不可避免了。

成功三次

所以说，自我认知是非常困难的。我们人类总是有自大的倾向。有人说："如果做三次都成功，那就危险了。""如果一个人做同样的事情成功了三次，那下一次一定会失败。因此，如果这个人不想失败的话，前三次尝试中一定要有一次失败。这样，接下来的三次尝试中就会有两次成功。以此类推，再接下来的三次中也会有两次成功，这样连续成功。但如果三次都成功,下一次就一定会失败。"

这可以称为人类的弱点,或者自大。一直成功的话,人们很容易陷入"这世界挺简单的嘛"或"我的力量了不起"等想法。这不仅是从我五十多年的经营经验中得出的结论,公司每个负责人的失败经历都验证着这一观点。

因此,为了在今后取得更好的成果,不仅要认识自己,而且要不断评估公司或组织的综合实力,做出决策并执行。如果做到这些,我相信你们就无须担心了。

努力训练

横纲的秘诀

当今社会,公司经营处于一种片刻不能掉以轻心的状态。

一种商品,今天因为受欢迎而畅销,但并不意味着明天也会如此。明天哪些商品会从哪里诞生是无法预知的。它可能很快就在全国范围内宣传,从而导致需求的变化。这是因为过去和现在有很大的区别,我们必须认识到这一点。

公司经营负责人,必须不断思考这些问题,审视自己的工作,并考虑完成工作所需的速度和时间。

因此,公司的整体实力必须提升,但要提升

整体实力必须提高个人能力。要提高个人能力，需要适当的训练。横纲之所以强大，一方面取决于天赋，但即使是横纲，如果缺乏训练，也会很快变弱。因此，为了擂台上那一分钟的胜负，他们每天在训练场上进行两到三个小时魔鬼般的训练，锻炼身体。正所谓"台上一分钟，台下十年功"。只有每天不断地训练，才能在一分钟的比赛中取得胜利。

以公司的设计工作为例，如果一项设计需要耗费十天才能做出来，就来不及了。负责设计的员工一旦有了想法应该立即设计出来，并且很快做出一个样品，这样的训练是不可少的。

美国速度

在第二次世界大战中，如果发现战斗机有故障或缺陷，美国可以在一周内设计出新的。为什么美国能在一周内完成呢？因为他们一直在做这样的事情。举个例子，一家制造熨斗的公司，他们会要求三个设计团队在三天内根据三个条件设计出新的熨斗，并将结果进行比较，评判出哪个团队的设计最合适。通过这样的训练，他们可以在三天内完成设计。

如果一直进行这样的训练，竞争时他们就能在短时间内制造出好的产品。一个订单，他们能在三天内完成，而其他公司需要一周的时间。这样做可以比其他公司提前两天完成订单，让客户非常满意。即使能生产出高品质的产品，如果需要一个月的时间才能完成，那么订单就会流失。

因此，进行训练是非常重要的。

如何增强实力

榜样的力量

通过训练提高自己能力的同时，另外一件事情也非常重要，接下来我们详细地谈一谈。

大家上学时，老师从各种角度教导过你们，你们自己也主动地学习知识，但总的来说，是老师在向你们不断地提供保姆级的周到教育。

然而在公司里，没有人像老师那样手把手地教导你们。但是，尽管形式不同，大家在职场中依然可以继续学习。大家每天都在跟前辈一起工作，看着身边的前辈是如何处理工作的，对你们而言，他们就是活生生的榜样。当然，是否要将他们作为榜样，这取决于你们自己。

在我刚开始独立创业的时候,公司人员非常少,所以我打电话的时候,年轻的店员在旁边都能听到。因此,他们耳濡目染,自然而然地就能学到我是怎样打电话的。然后,当店员自己打电话的时候,他们也会按照我那样说。

因此,不知不觉间公司外部的人时不时会跟我感叹"你家店员说的话和你一样"。即使是年轻的店员,在外边也能够赢得相当的信任,顺利完成任务,是因为他们的言行和我的非常相似。

这是没有教而自学的。可以说,这和在学校里所学的是一样的。在公司里,大家可能不会得到详细的解释和说明,但因为周围的前辈都在各自的岗位上工作,你们可以成为他们的助手、帮手,通过观察他们的言行学习如何正确开展工作。

此外,如果你们有自己的生活经验,你们可以对前辈们的言行进行取舍,选取其中好的部分,然后再根据自身情况进行改进。这就可以培养出自主性，最终成为能够独当一面的人。

自主学习

拥有这种心态或者心理准备是必要的。否则，当我们得不到指导时就会抱怨，个人能力也不会得到发展。如果无法得到指导，那就要在前辈身边帮忙，进行自主学习和自我摸索。这种心态和心理准备非常重要，否则很难成为一个成功的员工。

当然，在某些情况下，也会有人愿意慷慨地手把手教你，但大家不能只寄望于这一点。你应该自己积极地学习前辈的优点，并跟随他们的脚步。在这个过程中，灵活利用自己的创意、特点和个性，从而打造出属于自己的独特之处。只有这样，你才能成为一名更具魅力、更有实力的员工。

每位员工的实力都能提升这一点对于公司而言十分重要。当你们每个人都在成长时，公司的实力也会跟着提高。然而，即使每个人的实力都提高了，这并不意味着公司一定会运转得很好。

因为每个人的实力各不相同，如果不能将这些实力有效地结合起来，公司也很难成功。因此，企业不仅要培养每个人的实力，同时也要重视培养出来的人在团队中相互协调和配合的团队合作精神。就像棒球比赛中的一垒手不断关注着二垒手的位置一样，员工们需要互相努力才能实现这种团队合作。只有这样，每个人的能力和团队合作才能发挥到最好，从而给公司带来巨大的正面影响。这将有助于实现更好的工作、打造更好的公司形象。

成功在何处

大家是否信任自己的公司？对于每个人来说，重要的事情各不相同，但最重要的可能是先要信任自己的公司。你们的公司之所以招募你们，是因为信任你们，而你们也是因为信任这家公司才加入的。

因此，你们应该信任公司并努力工作，通过公司为社会服务。如果你们能有这样的心态，就不会失败。

此外，因为大家所在的工作环境各不相同，有些人认为自己在好的公司工作，而另一些人则认为自己工作的地方并不好。但是，无论在哪里工作，只要你们的想法正确，任何地方都能成为取得成功的地方。

那些被人们称为好公司的地方，并不一定是最适合你们的成长环境。相反，那些人们口中充满困难与挑战的地方，对大家而言才是真正的好地方。你们需要具有这样的心态。任何公司都不会让你们遭受太大的痛苦，不必担心。不要因为工作地方不好而变得悲观和神经紧张。

相反，我认为你们应该以积极的心态面对工作，挖掘工作的乐趣，把工作视为对自己的锻炼，享受工作带来的喜悦。悲观是没尽头的，人一旦开始悲观，他很可能会一直悲观下去，甚至自杀。这涉及每个人的心态。看成功人士的传记可以发现，当他们处于极端困难的境地，换做普通人的话很可能会选择自杀，但是他们没有。换句话说，在面对困难的时候，他们会用乐观的心态积极面对。

当然，这并不是一件容易的事情，但希望你们能够掌握这种思维模式和心态。虽然你们不会轻易自杀，但也请不要变得神经过敏。如果有什么想要倾诉的事情，如果有什么无法忍受的事情，一定不要顾虑，请向朋友、前辈或上司倾诉。

成为独当一面的人

武士从 13 岁起已经独当一面

虽然前面提到了关于增强实力的事情,但在你们中间有些人可能已经在不断提高实力,成了资深人士;有些人还是刚进入公司不久的新手。我想这些新手一定正在努力成为一名合格的人才。但从另一方面来看,年满二十岁的你们已经可以被看作合格的人才了。

在过去,日本武士家庭中,孩子到了 15 岁,会举行盛大的成人仪式以庆祝其成年。完成成人仪式的人将被视为成年人。作为一名成年人,他们也必须自觉地承担各种责任。现在,年满 20 岁的人会被视为成年人,并举行成年仪式。

现在的成年仪式比过去晚了 5 年。过去虽然说是 15 岁，其实也只是满 13 周岁。因此，过去的人认为，武士阶层的人一旦年满 13 周岁，就应该像成人一样上战场了，那是他们的义务。因此，以前的武士都必须自己独立承担责任。合格的武士不能做出卑怯的行为，在必要时要毫不畏惧地果断行动，甚至要有不惧怕死亡的觉悟。

如今时代发生了改变，不再强调像古时候的武士那样面对死亡。生命是宝贵的，应该尊重生命。然而，在日本悠久的传统中，牺牲自己的生命去完成某些事情是值得尊重的，这一想法一直存在。在某种程度上，这也表现了对人生和人类的高度评价。

因此，作为日本人，成为有担当能力的独立的成年人，从各种意义上来说，是一生中重要的节点。有时我们会被告知："你已经是一个成年人，所以不能做那种事情。那是不被允许的。"我们也会被告知，"作为一个成年人，不能一直依靠父母，必须自己工作并孝敬父母。这才是成年人该有的生活态度。"

年满二十的你们

成为一个独立的成年人,是非常有意义的事情,也是值得庆贺的事情,同时这也意味着要有相应的责任感。人一旦到了二十岁,就已经是成年人了。必须意识到今昔的不同,过去能做的事情今后将不再被允许。这是作为成年人的起点。

刚刚成年的二十岁的大家是成年人队伍中最年轻的成员,相比之下,我虽然同样是一个成年人,可以算作资深前辈了。我做过很多事情,经历了许多失败和成功。我有过各种各样的经历,虽然不能断言这些经历是否有意义,但至少可以说,我经历了许多你们从未尝试过的事情。

从这个意义上来说,刚刚成年的二十岁的大家虽然已经是成年人,但你们仍然是新手。因此,要成为一名出色的社会人，你们除了在各自的位置上思考什么是正确的并朝着那个方向努力之外，向前辈们请教也是非常重要的。

亲身体验是最宝贵的东西。在体验过程中，也会有不可重复的体验。在实际处理事情时，很多情况下只有实际体验后才能真正理解。以游泳为例，假设我们学习游泳理论已经有三年之久，知道了怎样在水中踢腿、划手等，我们也理解了这些理论和技巧。但即便这些理论和技巧都是正确的，我下水后还是不会游泳。除了理论之外，还需要在实践中多次体验水中的感觉，甚至呛几次水，多次进行训练才能浮起来并最终成功学会游泳。这是通过训练和体验才能实现的，单纯的理论并不能让人学会游泳。

作为成年人的成长

作为社会人，要想在工作中不出错，大家应该将自己掌握的知识运用到实际业务中，在此基础上不断积累实干经验，这一点十分重要。日常体验将很快成为你们的力量，并化作你们的血肉。如果没有这些，大家是无法成为优秀的社会人的。因此，可以说，成年后我们才真正开始了作为成年人的成长。

以前大家都未成年，以前的成长也是作为孩子的成长，老师、前辈会为大家领路。但是，现在大家都是年满二十岁的成年人了，今后要靠自己，主动追求，自主研究。两个人生阶段非常不一样。年轻人应该充分认识到前后的不同并在此基础上积极地多向前辈请教。

作为前辈，将后辈视为独立的人，并提出忠告，这是前辈们的重要工作。同时，作为接受这种引导和教导的人，你们需要站在成为负责任的成年人的立场上听取并理解他们的忠告。否则，很难实现真正的成长。

衡量成长值

一年成长了多少

前文谈论了关于提升实力、成为独当一面的成年人的话题，接下来我想就这个话题再谈一些相关的问题。虽然这是一件相当棘手的事情，但对大家来说是必要的。那就是，大家每年成长了多少。换句话说，就是比较去年和今年的自己，思考你有多少成长。不仅是在技术上，还包括你对社会的看法，你有了多少成长。

如果有一台机器可以衡量你的成长数值，那就容易了。就像称重量一样，我们可以知道你增加了五百克。但是，没有机器可以衡量你的活动能力、智慧、才干等综合实力。

你的上司也许会看到你的成长，说"这个人的实力增长了很多"。但是，这也不是很准确的衡量方法，而且也不能公之于众。比如在相扑比赛中，输了变成黑色，赢了变成白色，这是很容易衡量的。你可以看到对手变强了，比去年更强了。

但是，你们的实力却不是这么容易能被衡量的。虽然你已经向公司承诺，会尽最大努力完成工作。这就是说，你要用你拥有的实力来工作，并不能说明你的实力是否有提高。你能否说出自己实力增长了多少，比如说五个百分点、十个百分点、五十个百分点，或一百个百分点。这是我想问你们的问题。

大家需要反思一下自己做了多少事情，展现了多少实力。如果你的能力没有增长，公司的实力也不会增长。将大家的实力巧妙地结合起来，让一加一等于三，这才是公司的管理方式。

但是，即便一加一发挥出了三的实力，一加一加一仍无法达到九的程度。所以，每个人努力提升自身能力，实现从一到三的成长是一项好的选择。当然，即使每个人都是三，如果他们的综合力量加起来为零，那么，大家再怎么努力，也不会成功。

个人能力是基础

然而，无论如何，每位员工的个人能力都是（公司发展的）基础。因此，重要的是你的能力要不断增强，从一到二再到三。同时，从经营的角度来说，必须考虑能够集合这些力量并产生多倍效益的公司综合经营法。

这不仅限于个人，即使是一个团队，也必须将相关的力量发挥出来。这需要负责管理团队的人承担重大责任。同时，无论是个人还是团体，都必须提高能力。如果是一个课①，课长就是该课的经营者，同时也是公司的重要负责人之一。课长必须了

---

① 日本企业的下属部门，课的负责人为课长。课的上一级是"部"，下一级是"系"。——编者注

解自己作为公司的重要成员，能力提升了多少，取得了多少进步。

同时，下一次必须让下属养成采用将一加一发挥出三的实力的思维方式。通过这样做，课长的能力也会提高。

如果职场也有像考试标准答案一样的东西，"你这里不好，请如何如何反省自己"，那就容易理解、容易掌握了。但是，经营和工作并不这样简单。当然，作为一项事业的负责人，提升部门效益是他义不容辞的责任，这一点可算作一项类似标准答案的考核指标，但是除此之外仍然有很多东西无法进行简单的判定和衡量。

考虑到这些问题，并不能知道你们的具体实力如何。再者，即使明确了这一点，反而可能会失去乐趣。总之，这是一件很复杂的事情，你们需要自己加以思考。

第四章 为了美好未来

第四章　为了美好未来

变化的心

妙不可言的心

对于人类而言，心灵状态非常重要。如果情绪低落，即使人拥有高超的智慧和才能，也无法充分利用它们。反之，如果情绪非常高昂，甚至可以灵感涌现，发现之前未曾注意的事情，激发出干劲儿和积极性，取得发展，走向成功。然后，形成良性循环。

如上所述，人类的心灵是一种奇妙的东西，当抱有希望或者对未来有信心时，就会激发出强大的动力去做事情，这将产生出乎意料的强大能力和创造力，以及为实现各种工作的良好方针。相反，如果情绪低落，即使没有什么可悲观的事情，也会产生悲观情绪。心情逐渐低沉，对什么事情都失去兴趣，产生放弃工作的消极情绪。在极端情况下，甚至会导致自杀。这在现实生活中，经常可以看到。

由此可见，没有比人类的心灵更奇妙的东西了，它变化莫测。而问题是，我们该如何应对这种变化性。如果没有任何变化，无论怎么努力，或者创造多么好的环境，也不会有多大的效果。

然而，人类的心灵极具变化性。这一刻还在欢声笑语，下一刻就可能陷入悲观情绪。因此，这是一个必须考虑的问题。也正是由于这种变化性，努力是有价值的。为了我们能愉快地工作，我们必须在调整情绪方面做出努力，这也是值得努力的。对于企业家，或者领导者来说，理解我们心理变化的波动性是非常重要的。

即使只是换一种说话方式，对方的感受就会有很大的不同。如果不同的说话方式带来的都是相同的感受，那就没有什么好担心的了，同时也不再会有深深的感动，一切都是淡淡的。但是，不同的说话方式会导致很不同的结果，有时会给予对方刺激，有时则不会。所以，雇主和领导者自不必说，所有人都应该时刻注意。

说服他人的能力

建言方式

前面讲到，改变说话方式会带来非常大的变化，这是一件非常重要的事情，我们必须重视。

假设有一名将军，他身边有一位非常出色的谋士。这位谋士神机妙算，想出的计策非常巧妙，他将之献给将军。同时，还有另一位谋士，这位谋士的计策并不出色。在这种情况下，将军会选择哪一种计策？如果这位将军如同神明一样贤明，毫无疑问会选择优秀的那个。但是，如果这位将军并不那么贤明，只是一个普通的将军，那么他会根据谋士的进言方式来决定选择哪个。

即使计策本身非常优秀，如果建言的方式不当，也不会被采用。反之，即使计策本身并不好，如果建言的方式得当，也可能会被采用。如果在战场采用了不好的计策并吃了败仗，就是得不偿失。

有出色的计策，将军却没有采用它，这个将军就是愚蠢的。由此可见，建言的方式必须恰当。如果建言得当，"原来如此，我们就按照你的计划进行吧"，就会赢得战争。

如此看来，一个人心中纵有妙计，也不能说这样就可以万事大吉了。只口头上讲讲"我是全心全意的"并不足够。一名合格的谋士应该不但心中有谋略，能拿出好的计策，而且能够将计策有效地介绍给将军，确保被采纳。让自己的计策被采纳，其价值不低于好计策本身。一名谋士，如果不明白这一点，就没办法做一名好谋士。

于无声中说服对方

不知道大家对孔子了解多少。他是全世界公认的圣贤，可以与释迦牟尼、耶稣基督相提并论。当年孔子周游列国，到过很多国家，人们尊敬他，但是拜其为相请其治理国家的极少。由此可知，让别人采纳自己的观点是一件多么难的事。

像孔子那般圣贤的人，提出的观点想必不会有错，但是观点正确并不代表必然被人接受和采纳。让自己的观点被采纳是一件非常有难度的事情，需要注意建言方式，应该使对方既接受自己的观点，又接受自己建言的方式和行为。

从这个角度来看，掌握正义和真理当然非常重要，但是仅有这些还不够，必须坚韧不拔，注重方式方法，想方设法让这些重要的东西真正发挥作用。

只有当我们成功地让别人认识到我们的想法是正确的时候，才能说自己完成了使命。如果我们不能成功地将自己的思想传递给别人，我们拥有的东西再好也是枉然。

我们必须认识到这一情况，同时通过不断地实践和修行来深化自身的体验，了解事物的本质。在日常工作中，我们会遇到各种与将军和谋士的比喻类似的情况。当然，我并不认为连孔子都无法解决的问题，换成我们能轻松地处理好，但是了解这件事情的难度很重要，这样，今后遇到困难和挫折我们也能平静而坚韧地面对。

通过不断地真诚地付出和努力，后续即使我们不再进行说明，也能于无声处潜移默化地影响和引导别人，使别人接纳自己的观点。当我们无法通过语言说服别人时，我们将采取潜移默化的形式来说服别人，使其认识并接纳我们的观点。

当忍则忍

这并不是说我们什么也不做。有些人会感到愤慨，因为他们费尽心思地做了好的事情，诚心诚意地推荐给别人，但别人却不采用。他们可能认为这是因为对方太愚蠢了，所以有如此举动。但是，这只是因为他们对事情一知半解，或者说只知其一不知其二。

如果别人不听取我们的建言，那就等待时机。如果自己解释了很多次，对方还是不理解，那不妨认为"时机还不到"，忍耐下去，巨大的诚意将在无声的忍耐中孕育，最终使对方理解和接纳我们。在这一过程中，对方也会自行领悟，这将有助于他取得巨大成功。

我们的日常工作也是这样的。真正如前文那般能做到的，需要坚韧和毅力。

现在所谓的知识分子，或许是因为太聪明了，总是想要立刻让别人听取他们的建议，如果别人不接受，他们会抱怨，这样很可能导致关系破裂。这样做的人不会有太大的成就。坚持忍耐是很重要的。当今社会，我们经常要忍耐一些难以忍受的事情。

我们要认识到这一点，也许你认为这很困难，认为实在无法忍耐。但是，转换一下视角就会简单很多，我们要认识到这就是社会的本质。如果我们相信我们的诚意一定会被理解，我们就能变得更加勇敢。只要我们领悟到这一点，就会拥有真正的勇气。

努力做好平凡的工作

日常工作是基础

大家都在为了更好地推进自己的工作而努力，但我们需要明白，在推进工作方面，方法即便再好也不可能达到完美的程度。换句话说，积累平凡的日常工作经验才是基础。当然，如果遇到难题，可能会有新的方法和手段来解决，但这并不是全部。大部分时候，大家需要做的仍然是小心翼翼地完成好现有的工作，这是基础中的基础。我们应该在这个基础上思考如何继续更进一步。

虽说直面困难会有新的方法，但日常工作本身是不会有太大变化的。因此，我认为我们需要以做好日常工作为基础，逐渐拓展新的路线。否则，仅仅为了寻找新奇的方法而不加区分地尝试可能会导致错误。因此，我们需要正确地、有把握地完成我们一直在做的日常工作，并以此为基础应对当前的情况，寻求新的路线。如果我们这样做，一定会成功。

总之，工作本身只是完成好一件又一件再普通不过的平凡工作而已，绝不是什么困难的事情。例如，在制造和销售产品的公司中，最重要的是生产出符合客户要求的产品，并将其销售出去，这才是最关键的地方。在这个关键问题上不出错，就是一种成功。

因此，我们必须了解，我们今天制造和销售的产品在明天将会怎样。我们不能不知道今天销售的产品的结果。即使我们的产品有缺陷，客户反馈问题后，我们要谨慎对待，即使他们可能是误解，也要对他们表示尊重，而不能回应"没有那种事"。如果我们采取了这种态度，商业将会失败。

即便知道是客户的误解而导致的情况，我们也必须谦虚地接受并表示我们将调查并处理问题。这样做，问题就不会进一步恶化。同时，如果确实存在缺陷，我们也可以立即进行改进。

这些都是非常普通且寻常的事情，是新人必须学会的事情。如果职场新人连这种该做的事情都做不到，做其他工作也不可能顺利。从一开始，才能到二、到三直至百千万，所以这第一步的工作绝不可以懈怠，必须认真对待。

追求有意义的工作

在工作中找寻意义

前文谈过要做好第一步工作,即平凡的日常工作。接下来我们思考一下自己工作的价值。

假设我现在每个月获得一百万日元的薪水,如果我只是做了价值一百万日元的工作,那么对公司来说并没有任何贡献。按照我的常识,如果我拿到了一百万日元,那必须做出价值一千万日元左右的工作,否则公司就无法持续运营。

如果一个人拿到十万日元,只做出价值十万日元的工作,那公司就没有任何收益。同时,国家也得不到任何税收,这会导致日本这个国家无法维持下去。所以,以我自己为例,我经常反思,以自身的工作能力我能够创造多少价值?如果我每个月拿到十万日元，那至少我要做出三十万日元的工作，最好是做出了一百万日元的工作。这样一来，公司就会有收益，而这些收益会全部回馈到社会上。如果一个人在公司拿到十万日元，但只做出了价值八万日元的工作，公司就会亏损两万日元，并最终倒闭。这是很简单的道理。作为一名公司的员工，必须把这些当作常识。

此外，首相应该不断向国民说明："你可以通过正当途径赚取五十万日元或者一百万日元，这是你的自由。但是，如果你赚了一百万日元，就不能把这一百万日元全部视为自己的财产。例如，你必须将其中80%还给社会。同样的，其他赚了一百万日元的人也会将八十万日元归还社会，这些钱不断循环，最终还会流入你的口袋。因此，归根结底你还是会得到一百万日元。"

这样做，国民会意识到这一点，进一步努力工作，并从自己的工作中获得意义。

通过这种方式,人们的工作成果不再是只属于自己的,而是广泛地与别人共享,同时,别人的工作成果也能分享给自己,如此一来,大家会彼此之间相互感恩。在这样的环境下,真正的和平就能在国民之间产生。然而,由于现在只教授权利,人们只学会主张自己的权利,以至于社会的各个角落都在爆发冲突。

倾听末席的声音

武田氏的灭亡

我们换个话题。日本古代的将军在召开军事会议时,就战争紧张情况询问大家的意见,每位武将都会发表自己的意见。然后,当大将提出"那我们就这样做吧",并且大家意见基本一致时,一个身份低下且一直坐在末席的人说:"请稍等一下。""什么事?我们正在开军事会议,你有什么问题?"这个人说:"我反对正在决定的事情,我认为应该这样做……"如果这是一位贤明的大将,他会试着先安静地听取这个人的意见,然后思考此人说的是否有道理。

如果这位大将骄傲自大,他会把末席的意见拒之门外。但如果他是一位谦虚的大将,他会听取这个人的意见。如果这个人的观点有道理,"稍等一下,我们需要重新讨论这个问题,你能再说一遍吗?"然后,他会改变刚才决议的结果。这种情况经常出现在故事中。

这种集思广益、充分讨论的军事会议是很重要的。你们是否正在这样做?在开会时,你们是否考虑了坐在最后面的人的意见?如果你们站在领导者的位置上召开会议,你们是否会听取年轻人和经验最少的人的意见?首先,营造一个可以发表意见的氛围是最重要的。如果你没有营造出这样的氛围,他们就不会发言。除非这个人非常勇敢,否则通常人们不会说。因此,在这种会议中,为了让坐在末席的人毫不犹豫地说出他们的意见,这是领导者必须做的。

此外,即便没有这样的氛围,如果有人发表这样的意见,你是否有**雅量**欣然接受?如果你没有这种雅量,这个团体或公司就会出问题。这是非常重要的事情。

日本战国时期，武田氏灭亡的原因很多，其中一个原因是武田胜赖在召开军事会议时，没能创造一种可以让末席武士毫不犹豫地发表意见的氛围。此外，即使没有这样的氛围，（别人依然直言阐述自己的观点时）他也没能谦虚地听取有关国家重要事件的意见。这也是导致武田氏灭亡的一个原因。

集思广益的经营之道

我们的祖先或前人们在面临这种问题时是如何解决的，或者采取的最佳解决方案是什么？其实，他们留下了很多相关的案例。如果我们静静地思考这些案例，就能够学到作为一名将领应该考虑什么。这些实验案例可以教给我们很多东西，然而遗憾的是，我们经常忽视这些教导。不依靠集体智慧，就无法获得真正的发展。这不仅适用于个人，也适用于集体和公司。独裁是不可取的。

我一直在强调运用集体智慧经营公司的重要性。公司里的每个人都能毫无保留地表达自己的意见，并参与公司的经营，这样才能促进公司良性发展。

仅仅拥有优秀的经营者并不足以创造一家优秀的公司。当然，这也是必要的。但经营者必须创造出能够让员工自由发表意见的氛围，并且积极听取基层人员的意见。只有这样，才能实现公司的良性发展。

我们应该根据各部门的实际情况进行考虑，并从整个公司的角度来考量，这样我们就可以避免犯大错误，实现公司的良性发展。

现在，每家公司都处于转折期。为了更好地利用这个转折期，我们需要倾听基层员工的声音。他们愿意毫无保留地表达自己的意见，而我们必须接受这些意见。当然，也有一些意见不会被采纳，那是由提出意见者的个人认知不足导致的。我们需要做出选择，但我们必须坚持运用集体智慧解决问题的基本原则。如果没有这个基本观念，经营者将会独断专行，这样下来，即便是大企业也会走向崩溃。

帮助老板保持年轻

语言的魔力

你们或是在公司工作,或是在商店工作。尽管你们中大部分人还年轻,但你们的老板可能年龄已经很大了。能否通过你们的言行让你们的老板年轻化是一个重要问题。你们完全可以通过自己的努力,让老板的心理年龄倒退十年或二十年。

举个例子,如果有员工不断呼吁老板或店主:"请年轻一些吧。如果您不年轻,我会很难开展工作。"听到员工这么说,老板会非常高兴。如果别人告诉老板"您已经老了,要小心了,请不要这样做",老板可能会觉得一下子变老了。

但是,"老板,您还很年轻呢。虽然您已经65岁了,但在65岁时,您仍然是少年。请年轻一些吧。"如果你们这样说,并且努力工作,老板会很高兴。"你说的话真好",老板会自然而然地趋向于年轻心态,并从中得到智慧。这个智慧将帮助店铺繁荣起来,也能使你们的月薪得到提升,这是非常合理的。

我认为,不这样做的员工是没有用的员工。认真工作是理所当然的。要做好应该做的工作是再正常不过的事情,没有什么好炫耀的。关键是要把工作做好,同时还能让老板年轻化。那么,你们能做到吗?

如果你们这样做,就能获得老板的倚重。人一旦被别人倚重,就会更加努力。同时,在这个过程中,你们的能力会得到提高,你们将学会像老板一样工作。这就是成长。

第五章

审视人类自身

作为人的尊贵

超越物欲和地位

在这一章,我们将尝试探讨人类本身,首先要思考的是人类绝不能被物欲驱使。受物欲驱使,是所有动物的本能,我们在此也并不是要完全无视物欲,而是与之相结合,来进一步思考我们人类拥有的不为物欲所动的精神力量。

在某种情况下,我们人类舍弃个人性命也会坚持做自己认为正确的事情,这是其他动物不具备的特质。尽管可能会以生命为代价,也可能得不到任何利益,或者还要省吃俭用,但我们仍坚定去做一件事情,这样的举动是其他动物不会有的。但是,正是这样的举动才让我们感受到作为人的尊贵和意义。

同时，正是在艰难困境下的坚定付出，才磨炼出我们的心智，体现出我们作为人的尊贵。大多数人无法做到任何情况下都能忘我地坚定努力，但当面临重大事情时，或者在需要个人承担责任时，如果没有这样强大的精神力量，所谓人的尊贵也就无从谈起了。

如果有这样的思想觉悟，就不会陷入绝境，就能顺利地完成工作，这是很值得我们思考的地方。人类绝对是伟大的存在，最近这段时间，我更加切身领悟到人类的尊贵和伟大。如果要说人类尊贵在何处，我认为正表现在前文谈及的这些方面。

在面临艰难困境时都无法拼尽全力付出的人，换句话说，一个人的精神世界完全被物欲和地位所左右，那么，他是否尊贵是有待商榷的。

第五章 审视人类自身

丰富精神生活

原子在铁中运动

人的尊贵，是在每个人的内心培养出来的动力。关于人的内心，让我想起一件往事。我曾经有过一周左右的欧洲之行，这件事正是发生在那个时候。那次去欧洲是为了工作上的事情，但谈判一直不顺利，争论不休，甚至一度拍桌子激烈争吵起来。即便如此，还是未能谈妥。双方都意识到，再这样争吵下去也不会有结果，于是决定稍作休息后再谈，正好也到了用餐时间。之后，双方就暂停争论，一起去用餐了。

饭后，我参观了一个大型科学馆。当时，展品中有一个电子围绕原子核运转的模型。我本来对这种科学现象一无所知，听了解说后才明白这个模型的原理——我们现在看到的这块铁可以被视为分子的集合，分子又可以被看成是原子的集合，而原子的构造就是电子围绕原子核运转，也就是这个模型在不停运动。

我们平常看到铁块时，表面上它是静止不动的，也就经常误以为它本身就是静止的。但是，通过这个模型，我们知道了铁是由几十亿个微小的原子构成的，而这些原子在不停地运转。随着科学的进步，这类现象开始被研究，被我们了解。此时，我的脑海中又浮现出阿波罗十一号登月的场景，这两件事情让我深刻领悟到，奇迹是存在的，而且几乎所有的奇迹都是由人类创造的。

想到这儿，我深为感动，决定在下午的谈判开始之前，给大家讲讲这件事。

"刚刚，我看到了一个有趣的东西——原子模型，看完之后很感动。原来，我们人类有如此巨大的能量啊。还有一件事也同样可以证明我们人类的伟大，那就是阿波罗十一号不久要飞去月球了。虽然科学已经取得了如此惊人的进步，但人与人之间的关系却并没有进步。时至今日，我们仍然互不信任，互相憎恨，互相争吵，世界很多地方正在战火纷飞。即便走在安静祥和的街道，我们的内心世界也充斥着各种丑陋的斗争。

为什么人和人的关系会这样毫无改善呢？我们难道不应该摒弃相互指责，更加相互信任、相互同情，然后努力实现共存共荣吗？科学在不停进步，而人心并没有进步，人的精神也没有进步，这很可能会导致更大的不幸，比如利用核武器互相杀戮，等等。"

提升人的心性

我将自己的所思所感坦诚地分享给大家之后，会场发生了很有趣的变化——上午还拍桌子争吵，眼看着谈判就要破裂，听了我刚才的一番肺腑之言后，我的所有主张竟然都被认可通过了，整个谈判的氛围也为之一变。坦白说，我并不是出于谈判目的才对大家做出那番感慨的，只是想着我们必须为解决人与人之间的纠纷做出些努力。如果每个人都为此做出努力，事情可能就会按照我们的意愿进展下去，即便是拍桌子争吵甚至于眼看着就要决裂的分歧也能得到解决。

这件事情后，我深感人心的复杂，一个小想法的改变就可能改变所有事情。果然，互相博弈是人们的心性使然，握手言和也是人们心性的作用，心性可以自由发挥在如此广阔的领域。但在过去几千年的历史长河中，人类总是会因为一件小事而争吵、仇恨，甚至发生大规模的战争。时至今日，类似的情况依然在上演。

在当今世界，我们仍然看不到人类心性上的进步，或者说在追求内心安定方面有任何建树。即使把全世界的汽车数量减半，电车数量也减半，只要人与人之间能够互帮互助，并且拥有丰富的精神生活，就是值得的。我想这才是我们向往的生活。否则，很有可能在未来某一天造成更恶劣的影响。如此看来，可以说我们已经处在必须考虑改变的关键时期。

人类忘记了自己的尊贵

对自身认知不足

还有一件需要注意的事情，就是当今社会人权一词被广泛使用。我并不反对这个概念，呼吁人类的权利是多么珍贵的事情，这本身就是值得赞扬的。但是，人权本来是一个针对万物提出来的概念，而不应该只是人类之间相互呼吁的东西。在人与人之间，不存在人权的概念。

人权这个概念被如此强调的原因是人类已经从根本上忘记了人类本身的尊贵。因此，人类必须大声宣扬人权，以提醒自己。原来人权是以平等的形式存在的，但那个人权（指的是人）是万物的王者和主人公。

人类本质上就是人类，而人类的历史是人类本

第五章 审视人类自身

身不断进步的历史。人类通过掌握知识、制造各种工具，提高了自己的生活水平。但是人类本身是不变的，并没有改变。我对于人类是由猿猴进化而来的说法持怀疑态度，我认为猿猴从一开始就是猿猴，老虎从一开始就是老虎，人从一开始就是人。我个人不希望用进化的方式来思考这个问题。

人类从一开始就被赋予了作为人类的素质和性质，通过自身努力积累知识、制造工具，不断提高自己的生活水平，这就是人类的历史。

人类之间互相呼吁人权并发生争论的行为本身就是根本性的矛盾。实际上，这种行为的发生是因为人缺乏对自己身为人类的认识，导致一些人互相伤害，从而引发了人权论。本来，人权论这样的概念是不存在的。如果一定要提出人权理论的话，我们应该是在向人类以外的生物宣扬人类的优越性，而不是在人与人之间互相宣扬人权。这就是我的个人看法。

但是，由于这种错误的想法广泛流布，我们不得不宣扬人权并宣扬人类的平等性。人类本身就是平等的，一切都是在平等的基础上发生的，没有任何差距。如果这一点得到了明确的认识，人类社会和现代世界的情况可能会有所改变。

常怀喜悦

感受生活乐趣

前文曾稍微提及人类历史的发展，人类历史的发展自然也包括我们自己。因此，现在我们的生活态度应该是，共同着力于努力开发人类共同的福祉和进步。如果这样考虑，我们的人生应该是无限发展的，无限幸福的，以及长久和平的。

然而实际上，尽管我们已经取得了很大的进步，但并非所有人都真正享受到了幸福感，即对今天的时代感到喜悦，为这样的进步感到欣喜，享受人生并感恩。

举个例子，十年前认为拥有一支钢笔会很方便，至少想要一支的人如今已经拥有两支以上的钢笔。除了钢笔之外，生活也在不断改善。但是，这

道路无限

个人是否感恩呢？并不一定。他很可能在抱怨这个愚蠢的社会、这个糟糕的世界。

今天的社会存在一种趋势，即如果过去只是希望至少拥有一支钢笔，当终于得到它时却又会产生更强烈的不满。

我们在生活和精神上的繁荣是得到保证的。上苍不会责备我们改善生活，相反会对我们的生活得到改善感到高兴。每一天都在进步，每一天的生活都有所改善，我想，这是上苍乐于见到的。

我们可以通过相互合作和努力，一步步改善我们的生活和环境，这是一种无限的事情。当然，作为个体我们的一生存在一定的局限性，但人类将永远存续下去。人类的历史已经逐渐进步了数十万年，这可能会继续数十万年，甚至数百亿年，其间我们人类的生活状况也将逐渐改善。

基于这样的考虑，我们一定会取得无限的发展和繁荣，也将逐步开拓繁荣的道路，从中我们将尝到生活的乐趣。这种生活的乐趣正是人之为人的滋味之所在。这样思考，我们将不会有不足和问题。

价值判断和幸福感

最近的新闻中总是充斥着枯燥无味的报道，例如谋杀、车祸死亡等。几乎没有任何关于某个团体度过了多么愉快的一天，或某个和谐场面的报道，即使有此类报道，也极少。相反，充满紧张感的报道非常多。这种时刻，我们应该怀着感恩的心，以欣赏、喜悦的态度去看待人类的不断进步。遗憾的是，我们往往在面对这些情况时不断抱怨。

日语中有一种说法叫"给猫钱币"，意思是即使给猫金币，它也不会高兴。如果给猫鲣鱼片，它会高兴地吃掉。对人类来说，鲣鱼片也行，但金币更好，因为我们有能力进行价值判断。人类比猫更有能力进行价值判断，虽然鲣鱼片也不错，但金币可以用来获得更多东西，所以人类会认为金币更好。猫不理解，所以它只喜欢鲣鱼片。

总之，对幸福感的认知取决于是否能够正确地进行价值判断，这非常重要。不能感受到一件事是值得高兴的、令人愉快的，是一件非常令人遗憾的事情，同时这也是精神匮乏的体现。

如果人类在过去几十万年和将来的几十万年，都能以更好的方式认识和享受每一个时刻，然后相互理解、开展合作，我们将带着喜悦一路前行和进步。

为什么倡导 PHP[①]

人类未能察觉

前文谈到我对人类的一些感受,但我真正深入思考人类是在第二次世界大战结束后。现在回想起来,1946 年前后的日本社会一片废墟,非常贫困,当时战争刚刚结束,人们的生活中充斥着无法言说的悲惨状况。

当时我负责经营松下电器公司,这是一项非常重要的工作。然而,我也对当时社会局势发生的原因产生了强烈的质疑。因为政治和社会的复苏动态并没有让我完全满意,作为一个社会人,除了从事电器制造的工作,我还应该认真思考人类和社会问

[①] PHP 即 "Peace and Happiness through Prosperity",通过繁荣实现和平与幸福。——编者注

题。于是我开始研究PHP。

PHP的研究旨在提高人类生活的繁荣、和平与幸福。当时看到的非常悲惨的情况让我不断地考虑这些问题。换句话说，我认为这个世界太糟糕了，需要一场运动来引导这种退步的情况恢复正常状态。因为，我在私愤和公愤的交杂状态下，开始了对PHP的研究和倡导。

我当时思考的问题是，这种非常糟糕的社会状况为什么会发生呢？如果这是人类无法避免的现象，那也只能无可奈何。然而，那时我并不是这么想的，我认为人类本应被赋予无限的繁荣、和平与幸福。

这种悲惨的社会状况是人类自己招致的，我们自己放弃了本该拥有的东西，而且并没有意识到这一点。

我之所以这么想，是因为"这个世界上有来自一百多个国家的、约三十亿的人口。这些国家和人民并不都处于困难的境地。有些国家许多人饿死,而有些国家则没有饿死人的现象,而且经济繁荣。这表明人类的思考和国家的行动可能导致悲惨的饥饿,也可以创造出繁荣的国家"。

被赋予的东西

"如此想来,日本这样悲惨的状况实际上是可以避免的,它是自己招来的。这样的想法是可以成立的。原则上来说,如果我们人类没有被赋予繁荣、和平与幸福,任何国家都会处于悲惨的境地。然而,某些国家处于悲惨的状态,而另一些国家则处于繁荣和良好状态,这取决于该国人民的思考方式,他们的思考方式可以导致繁荣或者悲惨。"

"这样想来,原则上人类被普遍赋予了无尽的繁荣、和平和幸福,是人们的小聪明或者过度的欲望将其破坏殆尽了。因此,通过纠正这种想法,想办法重新寻回本来被赋予的繁荣、和平和幸福是一定可行的。"我产生了上述想法。

如果说本来就没有被赋予，那无论怎么说怎么思考，也绝对无法实现。然而，原则上来说，人类被赋予了无尽的幸福，这是人类本来的形态。

这样一想，就可以看到一线希望。因此，如果诚实地寻求被已经赋予的东西，就可以达到这个目标，达到光明。这是一种力量，可以到达光明。如果没有光明，不管我们如何寻求或努力，都将无法寻求到光明。但是，如果有光明，我们就有可能找到接近它的道路，寻求它。

所以，PHP 研究和 PHP 运动就是要研究如何接近这个光明，这是它的目的。如果人类被赋予了无尽的繁荣、和平和幸福，那么就要立足于人类的本质，思考人类的存在本身，并将这样的思考方式运用到生活中，这样就能寻求更好的繁荣、和平和幸福之路。这不是一蹴而就的事情，我们也不能仅仅依靠自己的智慧和才能。

幸运的是，我们有30亿同类，如果我们可以收集每个人的智慧，并且有效运用这些智慧，就能获得神一般的智慧。因此，考虑到这一点，我开创了PHP研究和PHP运动。

第六章 思考国家

第六章　思考国家

爱自己，爱国家

何谓真正爱国

在本章中，我想和大家一起思考一下日本这个国家和日本人。首先，让我们思考一下爱国心这个词。二战后，日本很少再提爱国心这个词了。但是，无论是哪个国家的国民，对于热爱自己的国家，都会有相当强烈的感情，不是吗？

最近，出现了很多所谓"发展中国家"或新独立国家。以前是殖民地的国家独立了，开始自己管理自己的国家。这些国家最重要的事情首先就是要爱自己的民族，努力争取自己国家的独立。现在，以这样的思想为中心，爱国精神正在燃烧起来，甚至有时会引发冲突。

我们的国家呢？我们国家在过去实现了很显著

的发展，但不知为何，爱国心这个词却很少从人们的口中说出来。即使有时候说出来，也不太受欢迎。为什么爱国心这个词不再受欢迎，这一点也很奇怪。是因为我们日本人比其他任何国家的人都更强烈地热爱自己的国家，所以没有必要说出来吗？我想，并非如此。

有些人认为，爱国心会导致与其他国家的冲突，但这并不是绝对的。我认为，人越热爱自己的国家，就越会和邻国友好相处，结交朋友。然而有些人并不这样理解爱国，他们被狭隘的爱国心驱使，步入歧途，这是非常错误的。真正热爱自己的国家，是不会引起冲突的。因为真正热爱自己的国家，会争取与邻国友好相处。

爱自己

很遗憾，在第二次世界大战后很少有人谈论这个话题。爱国、与其他国家一起繁荣的想法是非常重要的。

第六章　思考国家

我们人类都认为自己很好，也会好好对待自己，没有人会不珍视自己。当然，有些人可能会在不知不觉间无意识地伤害自己，但是没有任何一个人会故意粗暴地对待自己。爱自己是最强大的力量。

如果你想爱自己，你必须让自己的家变得更好，让自己生活的城市也变得更好。如果你生活在混乱的城市中，是不会幸福的。只有当城市变得美丽、富裕、秩序井然时，你的幸福才能得到保护。

国家也是如此。生活在一个伟大的国家的人们是幸福的。因此，作为一个国家的公民，我们必须爱我们的国家和城市，努力做到彼此相爱，共同创造和平的生活。

现在，全世界的人们都在努力这样做。然而，有时这并不容易，有时甚至会犯错误，但每个人都在为之努力。

这是我们作为国民必须考虑的最重要的问题。我们爱自己的同时也要爱国，通过爱国获得幸福，这是每个国民的重要使命。

认清自我

日本的两千年历史

接下来,我想谈谈日本人。日本这个国家的气候、风土造就了日本人。长期以来,这个国家的气候和环境影响、塑造了日本人的性格和特质。虽然日本人被称为聪明而明智的国民,但如果我们搬到热带地区并生活数十年,可能会变得不再像现在这么勤奋。气候和环境在造就人类方面扮演着重要的角色。此外,日本人有着长达两千年的历史和传统,这是日本非常棒的一面。

回顾日本的两千年历史,我们可以看到日本从外国引进了许多东西。在引进这些东西的同时,我们也没有失去作为日本的精神内核。我们只是有效利用这些东西发展自己。两千年前,当时的先进国家是哪里呢？那当然是中国、希腊、埃及。那时的日本可以说处于发展中国家的状态。然而，在两千年的时间里，那些曾经的先进国家逐渐落后，而日本逐渐成长，并最终取得了今天的成就。现在，日本已经成为先进国家之一，并在先进国家中处于领先地位。这就是我们日本民族的精神风貌。

考虑这些问题时，我们会自然而然地想到为国家和他人做些什么。但也有一些人不这样想。他们认为日本是一个无聊的国家，还有些人认为过去的历史很糟糕。确实，在两千年的历史中，有的时期表现得很出色，有的时期表现得不太好。我们不应该只看到不好的地方，而忽视了可取之处。

误把金子认作铜

然而，现在的日本人或许忘记了自己的优点。虽然怀抱金子，但却将其误认为是铜。我们要认识到金子的真正价值，绝对不能把金子当成铜块。我们是金子，因此我们要像金子一样行动，像金子一样思考。

此前战争爆发的原因之一是日本缺乏自我认知,错误地认识了自己的国家。因此,我认为,我们最大的问题是了解自己和了解日本,了解日本的真正价值和日本人的真正价值。首先,我们必须了解自己,然后才能开始经营日本。

我们必须了解日本和日本人,思考日本国民的生活、活动和国家管理应该如何进行。如果没有这个前提,一切都是空谈,甚至错误地引发战争。

现在,日本正迎来非常重要的转折点。清晰认知到这个转折点,找到属于日本的前进道路,是当今日本人的重要责任。

旁观者的出现

放弃精神世界

你们可能听说过,随着近来社会形势的变化,出现了很多所谓的"旁观者",即使看到不正之行也装作不知道。为什么会出现这种现象,下面我们来探寻一下可能的原因。

众所周知,政府或者说领导层的人在第二次世界大战后为了日本的再建曾付出努力。但是,他们放弃了最核心的精神面,即对于日本人来说什么是正确的,应该思考什么。对于日本人来说,日本的传统是非常重要的。然而,战后的日本却教育人们不要提及传统,不要教历史,这是错误的。

第二次世界大战后,日本社会只揭露坏人的事迹,而隐瞒好人的事迹。这就是战后的日本教育。

虽然有争议，但所谓的"忠臣藏"确实是历史的一页。那时，人们遵循诚实的道德准则，这是可取的事情。既然可取，就意味着这是一个值得夸耀的事情。因此，可以将这样的事情作为历史的一页来讲述。

然而，这样的事情被禁止讲述，也不能被搬上舞台。这是很极端的例子。因此，教育出现了问题。每个人都变得以自我为中心。历史上那些被称为伟大的人，在某种程度上为了社会而牺牲了自己，这些事情却不能教导。我想，这正是导致今天很多旁观者出现的一个重要原因。

这样想来，我们需要从根本上重新思考现今的教育方式。教育之所以重要，是因为当你给一个幼儿拿来一张白纸，然后告诉他"这是黑色的"，这个孩子就会说这张白纸是黑色的。不同的教育造就不同的人。对于那些接受过良好基础知识的人，即使他们受到了错误的教导，也会通过自己的判断力进行判断，所以不必担心。但对于那些在幼儿时期没有接受过任何教育的孩子，你告诉他"这是正确的事情、这是错误的事情"，他就会这样认知。因此，教育是一个非常重要的问题。

关于教育是否回顾过去，教育是否教导国民的未来，我认为其中存在某种意图。这个意图是美国希望日本在未来成为这样的国民，这是胜利者希望的。胜利者的意见是希望按照这个意图进行教育。

虽然我不认为有恶意，但有意图让日本成为这样的国民。今天的年轻人是基于这个意图被教育的，这才是根本性的问题。我们必须将它转变为基于日本人自己的意图的教育。

在传统的基础上推陈出新

一日百次反思

虽然这句话与教育改革没有直接关联,但现在处于一个快速变化的时代,昨天还可以做的事情,今天可能就不被允许了。像三年如一日那样的旧有模式已经不再被接受,更何况十年如一日的模式。这不仅适用于我们的工作,也适用于国家层面。

有一句话说"君子每日三省吾身",这意味着君子会不断反省自己的言行,每时每刻都在进步。这是中国的圣贤在两千多年前就教导我们的,现代的君子已经不能像古代的君子一样每日三省了,而必须能够适应快速变化的时代,每日一百次自我反省,不断更新自己的观念和行动。

然而,当我们看到日本的议会时,却发现它处于十年如一日的状态。议员们必须成为国民的代表，应该是一些优秀的人才，从整个国家来看，他们应该是一群君子。因此，这些人的会议主题和内容不仅需要每日三省，甚至要能够适应瞬息万变的情况。他们必须能够完成一般国民需要十天才能完成的事情，这是必须的。然而，日本的议会并没有达到这种水平，而是一直处于十年一日的状态。

真正的革新

我之前和某工会的干部谈话，曾经说过这样的话："虽然你们嘴上一直在说革新，但行动上却十年如一日，没有变化，这实在令人遗憾。你们应该是进步的，所以你们必须思考真正的革新。但是，大家名义上在革新，实际却在十年如一日地做着同样的事情。"这番话讲完，大家都哈哈大笑。这个大笑表明他们认为我说的话是对的。他们都很清楚这一点，他们知道我们不能只做这些事情，必须实现更多的进步。即使他们知道这一点，却不能轻易地实现。这可能是因为缺乏勇气或者缺乏信念，或者只是按惯例工作而已。但在今天的时代，这种模式已经不合时宜了。在当今社会，虽然我们要遵循悠久的传统，但也需要在传统的基础上发掘新的东西。我们必须在传统的基础上创新，这非常重要。

有句谚语说"用旧容器装新东西"，传统是越古老越好的。但是，我们不能让传统一成不变。我们需要利用传统这一基础，让它和新的时代性相结合。我们不能仅仅砍掉传统，然后像野草一样生长，这种做法只会让它一夜之间枯萎。如此，真正的生命是不存在的。因此，我们必须尊重传统。但是，如果在传统的基础上没有新的东西涌现，传统就没有什么可值得骄傲的了。

展望日本的未来

做新时代的维新志士

现在,我使用了"革新"这个词,大约一百年前发生了明治维新。由此,日本从长期的封建制度转向了新的文明开化。这次维新是由谁完成的呢?众所周知,那就是被称为"维新志士"的那些人。这些年轻的"维新志士"曾为实现维新、促进文明开化而努力奋斗。

这些人舍己忘我,全心全意地为国家和人民开创了新时代。正是由于这些人的努力和牺牲,日本才得以成功地完成了维新的伟大事业,并实现了文明开化。虽然在接下来的一百年里也出现了许多问题,但总体上克服了这些问题,日本的形象得到了世界各国的认可和高度评价。

第六章　思考国家

然而，现如今日本又迎来了一个重大的转折点。不仅是日本，如果我们放眼全球，世界局势也不一定稳定。

虽然一些国家非常繁荣，但仍有一些国家仍处于艰难生活和饥饿死亡的恐慌中。即使是一些被称为先进国家的国家，局势也在发生变化，并不稳定。可以说，世界正处于非常混乱的状态。

基于这种情势，我认为应该发起新时代的新一轮维新，它是在日本重建自身的同时努力推动全球真正的开化。明治维新是日本的开化，而新一轮维新则致力于世界的开化。这就是我的想法。

明治维新，借助于日本青年的热情和志士们的忧国之心，成功地实现了开化。但是，新一轮维新并不是日本的开化，而是世界的开化。当我们考虑日本人应该为实现世界的开化而做些什么时，我们不妨思考一下新时代维新志士应该承担的角色。每一个日本人，或者其中的有志之士，都必须承担起维新志士的使命。我们必须和日本一起为推动世界的开化而努力,并为全人类的繁荣和和平做出贡献。这也是日本未来的重要角色所在。

第六章　思考国家

人人自力更生

政府的资金来源

前面谈了很多关于日本和日本人的话题，最后我想再谈一件重要的事情。那就是，日本人不仅在经营上而且在劳动上都必须合理化，以获得更多的收入和利润。必须增加收入，否则，政府将没有足够的资金来做任何事情。

但是，政府会说什么呢？无论是大企业还是中小企业，遇到困境都应该帮助，农村和渔村也应该得到帮助，社会保障也应该提高，总之，就是一切都要做。他们几乎不会说这种事情是不可能的。他们承诺他们会做任何事情。

然而，这些钱从哪里来呢？那就是我们国民从工作中赚取的收入，作为税金缴纳。如果我们的工作逐渐减少，政府将不能做任何事情。但是，政府承诺他们会做所有事情，而我们国民容易依赖政府，并认为政府会为我们解决问题。在不应该依赖的地方，我们却依赖政府，这真是无法理解。

当然，这样说的政府本身也是荒谬的。假设我现在是首相，我想说，"如果您不工作，政府将无法做任何事情。如果您能工作并赚钱，我们会用这些税收来帮助需要帮助的人，做我们应该做的事情，甚至修建道路。但是，如果您不愿意工作，政府就会没有钱，我们将无法做任何事情。请更加努力地工作。"

但是，政府不会这样说。他们不会说"请更加努力地工作"，他们只会说"我们会尽力提供帮助，我们会增加社会保障"。于是，大公司和小公司都会去向政府借钱。这样做下去，日本不会成功的。

教育国民的必要性

作为新上任的首相,首先应该教育国民。现在没有人教育国民,人们只会对国民示好,但不会教育他们。因此,国民变得软弱,变得需要依赖他人。这正是经济和政治陷入僵局的原因。

当年约翰·肯尼迪成为美国总统时,他说的第一句话是"你们现在不应该考虑国家能为你们做些什么,而应该考虑你们能为国家做些什么"。我个人认为,肯尼迪很伟大。

但是,这是理所当然的事情,日本的首相也应该在就任时说"我成为首相,但你们不应该期望我为你们做什么。你们应该考虑为国家做些什么,而不是要求国家为你们做些什么。否则,日本不会变得更好"。但是,实际上他们很少这么说。这也是日本的一种形象。

仔细想来,现在有很多重要的事情。这些事情很重要，但我们总是试图把它们交给别人去完成。然而，我们必须意识到自己的责任，并自力更生地搞好政治、经济和教育，然后再利用他人的力量，最后通过合作实现目标。如果孩子的成绩不好，家长会说是老师的错，而老师会说是家庭的问题，这样就产生了矛盾冲突。

有一个词叫"自力更生"，现在每个人都应该自力更生。为了实现这一目标，我们必须首先进行"精神上的自力更生"。

第七章

探求真理

第七章　探求真理

激发勇气

真正的勇气从何而来

此前我在某个地方交流时,大家讨论到现在的人似乎缺乏勇气,应该鼓起勇气的话题。于是,我们开始讨论什么情况下会产生勇气。

有些人天生就有勇气,而有些人则天生没有,这是无法改变的事实。但是,真正的勇气超越了天生这一因素,在"何谓正确"这个认知的基础上,才会激发出真正的勇气。

因此,虽然天生有勇气的人也很好,他们很了不起,但他们的勇气相对不足。真正的勇气在基于"这件事是不能被容忍的、绝不能被宽恕,因为这不是正确的事情"这个基础上,行动时才会产生。在这样的情况下,即使是天生没有勇气的人,也会展现出真正的勇气。

每个人都有各种各样的经历，有些看起来很懦弱的人却做得很好。如果你去问他们，他们可能会说："我认为这是正确的事情，所以不能妥协。"然后，他们会按照自己的信念去行动。虽然外表看起来没有勇气，但他们的内心是坚强的。

为什么内心坚强呢？因为他们始终在思考什么是正确的，并从这个角度来看待事情。因此，勇气就会从中产生。否则，即使有勇气，也只是天生的勇气，羸弱不堪，不会成为真正的勇气。

第七章　探求真理

坂本龙马的智慧和勇气

大政奉还何以成功

"勇气"这个词让我想起了坂本龙马，相信对这个人大家都有所了解。我曾经有空就看关于坂本龙马的电视剧，他看起来具有非常出色的才能。虽然他在三十二三岁时意外去世，但他在如此短暂的人生中能取得如此巨大的成就是令人惊叹的。关键问题是，为什么他有如此卓越的才能和勇气呢？

可能有人认为他是天生拥有这些才能和勇气的，但我觉得不能仅凭这一点就做出结论。我认为他当时真正追求的是"对于日本和国民来说什么是正确的"，而且他自己会去思考这个问题。他得出的答案也就体现在他的行动中。如果没有这样的思考，仅凭智慧、才能和勇气，是不可能取得如此巨大的成就的。

作为维新志士,坂本龙马的处境很危险,但他仍坚持思考并毅然决然地推动了大政奉还。从当时德川幕府第十五代将军德川庆喜的立场来看,虽然自己手握政权,但天下的形势正在变化,因此他决定将政权归还给天皇。下定决心,推动大政奉还,这并不是一件容易的事情。

这样做,必然会有反对的声音。当时有很多大名[①]、旗本[②]都支持幕府,在那些人中间,也有许多人认为不应该奉还大政,为国家的安全着想,应该想方设法维护德川幕府。因此,反对的声音很大。即使如此,只要有勇气,也就敢于奉还政权。德川幕府第十五代将军就这样做了。

---

① 江户时代,日本施行幕藩体制,幕府和藩镇共同管理国家,大名就是各藩镇的领主,俸禄1万石以上。大名在各自的领地内拥有行政、军事、司法等权利,独立性较强,效忠于国家的最高统治者将军。——编者注
② 将军直属的家臣,俸禄1万石以下。——编者注

另一方面,坂本龙马作为一个漂泊者和志士,决定让将军奉还大政,他认为没有比这更好的救国之道了。他一直在考虑如何让将军做出这个决定,即使无法靠近将军仍在坚持不懈地努力,并最终取得了成功。这不是坂本龙马一个人的力量。但是,他是这个想法的发起者。

由此可见,只要是为了国家、国民和社会而采取的正确举动,就能涌现出智慧和才能。如果没有达到这种思想境地,也就不会产生智慧和才能。可能会产生小智慧,但真正伟大的智慧不会出现。

这样想来,如果今天的日本人在面对国家的重要问题时深入思考什么是正确的、应该做什么,那么就会涌现出此前不曾有的新的智慧和勇气。

这种智慧和勇气只有在意志坚定或者面临重大问题时才会产生,这正是我在看坂本龙马电视剧时领悟到的。

燃烧的激情

坚定信念，果敢行事

你们认为自己拥有多强的精神力量呢？在世界上，很多人拥有广博的知识。但是，仅仅因为他们拥有丰富的知识就能够在所有事情上做得很好吗？只有把知识和运用知识的精神力量相结合才能取得成功。

当然，如果只依靠精神力而没有知识，那也不完美。必须同时拥有知识和能够实践知识的精神力量，才能够取得成功。

那么问题来了，这种精神力到底是如何培养的呢？如果一个人天生就具有这种特质，那当然很好。在学校期间或毕业后，你的朋友们也会感受到你有一种稳健、可靠的气质。这种人拥有这种特质，可以充分地运用他们的知识。但是，也有相当数量的人没有这种特质，即使拥有知识，也不知道如何运用。

如果你进入一家公司，公司会要求具备各种能力。当然，做好日常工作也很重要。但是，一旦成为一家公司的员工，你应该培养一种信念，即在面对问题时果断地处理。如果没有这种信念，很难做出业绩。

例如，当你负责一项任务时，你应该燃起一种意气，要想"既然接受了这项任务，无论如何我也要把它做成功"。如果你没有这种意气，就很难把这项任务做好。

真正能成事的人

我想再次以我们公司为例，从我这么多年从事经营的经验来看，我们公司的这种意气与发展密切相关。我们坚定地相信："不管怎样，我们要完成这项工作。这对社会来说是有意义的,对公司来说也是有意义的。因此,我们要积极推进它。"这种信念,不仅是总裁和干部,整个公司都具备。

坚定的信念对于任何公司都是重要的。"那家公司意气高昂、执行力强,有坚定的信念。所以他们一定能把新工作做好,一定能成功。"人们常常会这样谈论一家公司。的确,这样的公司即使开始一项新工作,也一定会成功。

那么,这样的公司是否只聚集了出色的人才呢?并不一定。当人进入那种氛围时,每个人都会变成其中的一个组成部分,努力工作。当整个公司充满信仰时,每个人都会吸收它,并且不知不觉地开始思考问题。因此,每个人的执行力都能变得更加强大。

我相信各位的公司都有各自需要完成的任务和使命,而真正完成这些工作的归根结底是公司员工,是你们每一个人。那么大家应该怎么做呢?我认为大家需要成为拥有坚定信念的人。如今人们已经很少提一心扑在工作上、为工作拼命这类话了，但是，其实真正能把工作做好的人都离不开这么一股强烈的意气和热情。

如果是这样的人，他们可以百分之百地运用自己所拥有的知识。如果没有这种意气，即使拥有知识，也只能使用三成。如果部门负责人是这样的人，那整个部门的员工也会不知不觉地接收到这种部门负责人的能量，并开始思考如何执行任务。这样的地方会孕育出非常强大的力量。

工作的目的

实现生产的崇高使命

为了激发大家的斗志,在这里我想再次谈一谈我们工作的目的是什么。每个人都渴望身心富足,但是这种富足并非来自别人的赐予,也不是坐等得到的,而是通过人们努力获得的。

因此,如果一家公司不能做出普通水平以上的工作,并且生产的产品也很差,不学习,等等,那这家公司绝不会创造出繁荣。如果其他公司重视学习,而那家公司做得也不比别人差,长期坚持下去,那家公司就能实现繁荣。这种繁荣可以完善公司的设施,改善员工的待遇。

而这种力量不仅仅局限于公司内部,更能为整个社会的繁荣作出贡献。作为个人和产业人,我们必须认识到这种意义。如果没有认识到这种意义，工作将毫无意义。

人们有时会为了高工资待遇而工作，但这不是人类最高尚的行为。虽然有时候我们会像小孩一样跟随那个给我们面包的人，我们当然也需要相应的待遇。然而有时候，即使待遇不好，尽心尽职地工作也会让我们充满力量。这就是一种身为人类的崇高。

假如现在有一家制造业公司，它以100日元的成本制造商品，以110日元的价格销售，获得了10日元的利润。这是正确的做法。但是，公司不能仅仅为了赚钱而经营。公司本来就有一个超越利润的更伟大、更崇高的使命，那就是通过制造各种产品不断提高人们的生活水平。这就是"生产的使命"。

为了履行这一崇高的生产使命，资金是必要的。因此，公司会以利润的形式从社会上筹集资金。然后，公司将利润用于更好的生产。正是由于有这样崇高的使命存在，寻求利润才是被允许的。

人类的使命

如果公司仅仅是为了赢利而经营的话，那是非常脆弱的，也注定不能生产出伟大的产品。其实，公司本来就有超越获利的崇高使命，所有公司和个人都有这样的使命。为了完成我们的崇高使命和工作，我们必须保持良好的自身状态，这就需要相应的各种物资。利润，就是从社会获得这些物资的一种方式。

公司的每一位员工同样如此。领取薪水不是最高的目的，工作另有其最高目的。大家更好地履行自己作为人类的使命、作为产业人的使命，特别是作为员工的使命，就能为社会的繁荣作出贡献，同时也能实现自身的繁荣。工资就是这种行为的一种粮食和动力。如果没有薪水，我们不能维持生计，也就无法践行崇高的使命，没有食物我们连活着都难办到。

公司也是如此。我们希望从社会获得合理的利润，但这些利润不能被无意义地使用。其中一半以上通过税收、分红等形式回馈社会，余下的则应该被用作再生产的资金。其中一部分用于员工生活的改善，一部分用于设备的改善。这样充分利用盈利所得，我们全体国民和整个社会都会不断进步。因此，公司承担着巨大的任务，企业经营不是私事，而是公事。

由此可见，如果一家公司为社会作出更多贡献，那它得到的利润和回报也就越多。但是，即使想赚很多的利润，如果做的工作不能满足社会需求，公司最终只会逐渐被社会淘汰。

因此，如果我们的能力或者工作状态不能让社会感到满意，那我们也将无法获得社会相应的回报，这是非常简单的道理。

制订决策

织田信长的惊人之举

最近,由于经济不景气,出现了很多困难。面对这样的经济不景气,应该如何处理呢?我首先要说的是,如果过于在意这种经济不景气并被其困扰,反而会使事情变得更加复杂。因此,不要被经济不景气所困扰,要冷静地面对它。这样,也许会想出一些应对经济不景气的方法。

我们常常说"进退",知进退对人类来说非常重要,应该后退时后退,应该前进时就要前进,这才是正确的行动方式,否则就会犯错误。现在的问题是,面对经济不景气,该采取何种行动方案呢?进退不仅仅是要不要放弃的问题,还事关政策的选择问题。适时地、合理地进退是非常重要的。

第七章 探求真理

我试着举一个例子。当今社会有一种顺从舆论行事的潮流。舆论很重要,即使是政治家也无法违背舆论。因此,如果按照舆论行事就不会出错,这在平时是正确的。然而,织田信长在桶狭间①之战中却并没有听从舆论。当时全国的舆论都是守城,因为在平地上用两千士兵去迎击两万大军必然会输。如果坚守城池,也许会有盟军来支援。所以,不如放弃平地上的战争,坚守城池,这是当时的舆论。也就是说,所有家臣的意见都是坚守城池,耐心等待。

但是,织田信长反对了这种舆论。"好吧,既然你们这样说,那你们就这样做吧。我一个人去。"说完之后,他独自踏上战场。这是违背民意的行动,但是,信长知道如何进退取舍。大家不明白进退的道理,所以认为"不能那么干"。只有织田信

---

① "桶狭间"为地名,1560年织田信长在桶狭间袭击今川义元,取得胜利。——编者注

长明白,"坚守城池肯定会输,胜负在天,不如尝试一下"。结果,织田信长赢得了胜利,尽管他违背了舆论。

做决策的经营者

从上面的事例可以看出,公司的经营者通常需要遵从舆论,在舆论的基础上发号施令,但有时也需要反其道而行之。

这取决于是否能认清问题,这是非常重要的。所以,在平时,我们尽量始终站在主流舆论的一边,不去违背它。但在紧急情况下,可能需要采取与主流舆论相反的行动,这时候必须认真考虑后再做决定。

不能做出决定的人不适合担任经营者。所谓经营者,就是做决策的人。军师通晓战略,但是将军知道如何战斗,是否战斗是由将军决定的,军师不能决定要不要做。如果将军不做出决定,就无法进行战斗；反之，如果将军决定战斗，那么军师要考虑的就是如何进行最有效的战斗。

苏联的领导人赫鲁晓夫在古巴建立导弹基地时，美国总统肯尼迪说："（苏联）在那种地方建立基地我们很难办。因此，我希望他们拆除它，如果他们不拆除，我会在某个时间内自己去拆除。你觉得呢？"这就是决定要不要战斗。结果，苏联撤出了导弹基地，美国没有损失一个士兵、一发炮弹。

当然，即使有这样的决心，有时对手也不会退缩，那就会演变成战争。在这种情况下，肯尼迪就不再是指挥战斗的人。这时候，国防部长就需要担当这个角色。但是，是否要拆除的决定仍由肯尼迪拍板。幸运的是，他在没有耗费任何士兵或弹药的情况下胜利了。

公司的经营者也是这样的人。不能在大事上做出决策的人不能称之为经营者，我们必须有这种思维方式。平时，当下属问"我们该怎么做"时，说一句"可以按照自己的想法去做"也无可厚非。但是,在重要场合应该由经营者做出决策,且经营者必须始终保有这种觉悟。如果经营者平日里没有这种心理准备,就会在重要时刻迷失方向。如果一直有这种觉悟,在重要时刻就能立即做出决策。不仅是企业经营者,所有人都应该具备这样的思维模式。

第八章

严酷生存

避免失败的方法

失败的原因

大家都有这样的经历,当事情进展不顺利时,我们往往会自我反省,思考"是哪些方面不行导致的不顺利",或者"是哪种原因而导致的失败"。从某种角度来说,这是正确的,因为失败总有原因。事实上,如果真能够预见这些原因并成功地消除它们,我们就能取得成功。

事后,如果认为某一点是失败的,或者某一点不好,原因在于事先没有从长远的视角进行思考。我自己也有此类反思的经历。之前我曾经在公司内部宣布了一个五年计划,但在宣布的时候并没有认真考虑员工的培训。在宣布五年计划时,我们考虑了需要建造多少工厂才能实现这个计划,以及需要增加多少人员。但是，我们没有制定关于员工培训的具体方案。这一点，在后来非常令人遗憾。

我认为，如果所有的事情都周到地计划好，所谓"失败"就几乎不存在了。但实际上，失败仍然接踵而至，这是因为我们没有充分思考应该做什么，或者即使思考了也没有去做。因此，我们应该反思自己，找自己的问题，而不是找别人的问题。

例如，假设某家公司或商店认为激烈的竞争导致了自己经营困难，但是我认为这家公司或商店是因为没有充分做到应该做的事情才陷入困境的。如果做到了应该做的事情，竞争再激烈也会被高度评价，客户就会蜂拥而至。如果客户反而日渐消失，说明这家公司（的产品或者服务）缺少吸引力或魅力，无法吸引客户。

探求真正原因

我们在事情不顺利的时候会互相安慰说："如

果那种事情没有发生就好了。"这是人类不可避免的事情,某种程度上也是必要的。但是,仅仅互相安慰是不够的。我们同时还要深刻地反省,思考导致这种情况的原因究竟是什么,每件事情的原因都在事情本身。只有反省后继续努力,才能避免大的失误。

公司发展不顺利有许多原因,但这些原因并不是真正的原因,真正的原因在于缺乏自我反省,或者即使反省了也没有想出合适的解决方法。这种思考方式,对于每个人的工作都是必要的。

通常,我们都希望得到对自己有利的解释。当发生意外情况时,我们会想着"那是意外,我也没有办法",以此来慰藉自己。这种想法,有时也是必要的,它可以成为一种安慰,让我们勇敢地重新开始。因此,我们需要互相安慰,并分享这些经历以解决彼此的困惑,之后重新振作起来。

但是,仅仅如此是远远不够的。我们需要进行更深入的反省，应该认识到如果当时做了应该做的事情就不会发生这样的事情，这种反省可以帮助我们更好地发展。我们需要深入地反思，并认识到这与我们今后的发展息息相关。

事业和工作上不可能没有失败，这是因为我们没有随时随地反省和准备好。我们需要明确意识到这一点，进行反省，以便在未来的工作中减少失败。

当然，没有人能够完全避免失败，但只要我们努力准备和反省就可以将三次失败减少到一次。即使是最出色的人也不可能随时随地拥有神一般的智慧，我们需要花费更多的精力深入思考，并思考自己的想法能否被人接受。然后，再次反省，以确保没有错误或疏漏。

如果我们热衷反省并坚持不懈地努力，我们就不会陷入困境，我们的工作也不会陷入僵局。

全力以赴

克服困难

通过前文的讲述,你可能会觉得避免失败的方法太严苛了,但正是在这种严苛中才能找到人生真正的生存方式。在以命运为赌注、全力以赴工作的过程中,我们更能感受到自己的使命和生命意义。

如果你现在是一名产业人,你是不是已经将自己的生命投入工作?不仅仅是度过一天又一天的单调劳动,而是要全身心投入其中,拼命工作。如果你已经有这样的想法,那就要深入地贯彻它,并从中感受生命的意义。

很久以前,当苏联的加加林少校成功进行人类历史上第一次太空飞行时,我想到他已将自己的生命投入宇航事业。如果他不能回到地球,他的生命将就此消逝。但是，他为了国家和事业勇于牺牲自己的生命，这样的付出让他感到愉悦，也让他拥有一种生命的意义和力量。虽然我们从事的工作不同，但如果我们能在日常生活中也体验到这种喜悦和感动，我们将是多么幸福啊！

现在，当我们思考世界的发展以及各个国家的发展时，我认为那些拥有更多勇于拼命干事儿的国民和能让人拼命工作并从中体会到喜悦的工作制度的国家是最有发展潜质的，我也相信这些国家将会给他们的国民带来幸福。

我也一直在问自己，我是否已经为这份工作投入了全部的心血。每当遇到困难的问题时，我都在自我质疑。在非常煎熬的时候，我无法找到甘愿为之付出生命的东西，这就是我感到困扰的原因。

换句话说，我感觉自己并没有为解决困难付出生命的觉悟。我一直在想如何轻松地度过，这就是我所感到的煎熬。因此，我改变了心态，勇敢地面对这些困难。这样做之后，我就有了更多的勇气，当初的困难也不再是困难，而是一个新的创造和创新的机会。我有很多类似的经历。

通过这些经历可以得出如下结论，我们当然可以享受轻松愉快的时光，但在非常痛苦难熬的时刻也要能够坚持下去，甚至全力以赴地坚持下去，并为此奋斗，这正是真正意义上的生命意义和快乐。

兴趣和职业

享受工作的乐趣

接下来我要和大家谈一个严肃的话题。我个人认为，人生是应该终身学习的。如果没有坚定的"终身学习"的理念，个人可能会停滞不前。

常有人说："那个人是后发制人型的。"但所谓的后发制人型人物，是那些内心深处牢牢拥有"终身学习"的信念，始终能够吸收新知识，持续学习并乐于接受他人教导的人。这样的人才是真正的后发制人型人物。

在这个世界上，有些人年轻时就能迅速获得成功，这当然是非常好的事情。但他们也很容易在中途停滞不前，甚至退步，思考变得迟钝。也就是说，如果不能保持积极的态度去不断探索新事

第八章 严酷生存

物,就可能会陷入"只要过得去就行"的状态。在这种情况下,人们可能会失去强烈的动力和理想,逐渐对自己的工作失去理解和使命感,变成毫无目标地工作。这种情况在社会上很常见。

由于这个世界上有许多不同的人,有些人能够发展得很顺利,有些人的发展则不那么理想;有些人能保持稳定,有些人则在某个时刻退步。因此,我们无法把所有人都一概而论。然而,大家至少都应该一步一步不急不躁地努力向上,追求后发制人,这也是非常值得期待的事情。

为此,我们不能急于求成,也不应该过早地追求升职。尽管因人而异,但工作是我们每天耗费最长时间的事情。因此,对于自己的工作本身产生兴趣,从中收获乐趣至关重要。

有些人认为:"工作是一件令人讨厌的、痛苦的事情。但为了生计不得不做。所以,当工作完成后,就可以放松一下,玩上一两个小时。"有这样的想法，是非常可悲的。最好的状态是，对于自己即将进行一天的工作感到非常兴奋，保持兴致盎然。这样不仅会让我们感到精神愉悦，而且可以减少疲惫，使我们从中获得长足发展。

以兴趣为生

你们怎么看待"对工作感兴趣"这个问题？我想，没有人对自己的工作完全不感兴趣，但也不得不说，有些人对自己的工作兴趣不大。对工作提不起兴趣的人很难取得事业的成功，正如我在前文曾提到过的，只有当一个人全身心投入工作，为工作拼命并从中感受到生命的意义，他才能引发他人的共鸣，把那项工作做好。

我们不妨以销售为例进行思考。大家认为什么样的销售员能取得成功？毫无疑问，我认为一定是那些能为销售工作拼命的人。对于他们而言，销售有趣极了，因为感觉工作有趣，所以才能迸发出为工作拼命这种程度的激情，进而在销售时不

第八章 严酷生存

断发挥出自身的优势和特色。他们会思考使用什么样的态度、运用何种讲解方式才能让顾客心动，在这个过程中，他们全身心投入其中，只有这样方能成为一名优秀的销售员。当然，这一点并不限于销售员，对于搞研究、做技术的，以及其他所有的人都是同样的道理。

在你们中间可能有一些人对自己的工作不感兴趣，反而对其他事情有兴趣。我认为也有这样的人，他们认为工作只是为了生存，其余的时间可以用来玩乐或发展自己的兴趣爱好。在这种情况下，他们的本职工作很难成功。因此，他们不如把自己的兴趣爱好变成自己的本职工作。

再举个例子，假设有一名公司职员，他的脑海里总是想着俳句[①]。即使在工作的时候，俳句有时也会浮现在他的脑海中，作俳句对于他而言既有

[①] 俳句是日本的一种古典短诗，一首诗由十七个音节组成，要求严格遵守五、七、五的音节结构。——编者注

趣又有意义。现实生活中,很有可能有这样的人。如果真有这样的人,我认为这些人应该果断地选择以俳句为生。

现代社会中已经基本没有吃不上饭的情况了,过去俳人靠俳句很难吃饱饭,尽管如此,他们依然专注于此。如今社会进步了,食物相对容易得到,生活不会困顿到那种程度。因此,我认为这类人应该下决心专注于俳句,尽管这样做可能会穷一些,但是能从中收获人生的意义也是值得的。

如果做不到以俳句为生,"我会在自己赖以生存的工作上全力以赴,闲暇之余享受下俳句带来的快乐。这对于丰富我自身的精神世界,对于更好地进行工作,都是很有帮助的。甚至有助于我的人格更加健全。所以,我才喜欢俳句。"这也是一种很好的状态。但是,在工作和爱好之间无法平衡,是不可取的。

制订每日的计划

从中挖掘趣味和喜悦

享受自己的工作,可能也是一种心态。但是,作为公司员工,作为产业人,必须具备产业人的思想准备。不仅仅是个人,公司也是如此。如果公司是制造业公司,就必须具备制造业公司的思想准备。相互协作、共同努力培养这种心态是非常重要的。

关于公司的思想定位,应该可以在各自公司的章程和公司历史等文件中找到。因此,如果你们看完之后尊重这些传统,并愿意为此付出努力,你将成为一位出色的员工。反之,你只是不断地混日子,只不过是变老而已。这是对人生的蹉跎。

在我们公司,每年都会在一月十日公布当年的行动方案，并以此为当年的指导精神和方针，然后大家在工作中都遵循这个方针。幸运的是，我们能够保持这种方针并取得今天的成就。所以，这种方式非常有意义。也是因为在这个方针和目标的指导下，大家都能携手向前。所以，这是一种很好的做法。

基于上述考量，你们个人也应该有自己的想法。例如，如果你们公司发布了一年的方针，那么你就可以在这个方针的基础上思考自己该如何度过这一年，制订自己的工作方案。如果你负责一个部门，你就可以考虑如何让你的部门在这一年中更好地开展工作。更极端地说，每天都应该制订一个类似的方针。制订一年计划的同时，也要制订每天的计划。这并不麻烦，而且这样能够激发你的兴趣，感受到工作的乐趣。

就像棒球选手一样，出场就肯定希望能赢得比赛，在比赛中全力思考如何投球和击球。当然，不可能完全按照想法去做，有时也会输。但是，通过这样的思考和研究，会激发出无穷的乐趣，也就不会感到疲劳。

作为企业经营者，努力思考公司接下来一年的发展方向，并为此而努力，就是企业经营者的乐趣所在。我认为，那些没有体会过这种喜悦的经营者是失败的。如同那些没把精力放在经营上的经营者，最终都会失败。

在个人层面上，也是如此。如果你是公司的员工，你有一份非常珍贵的工作和使命。你认识到了这一使命并为之努力，而且找到了其中的乐趣，这是很难得的事情。

道路无限

这本书的书名是"道路无限"，也可以说本书是从这个思路出发写成的。即，正如本书前言中所提到的那样，只有不断涌现新的想法并努力践行，才能拥有更好的智慧，不断进步。而这种形态，一方面是因为我们认识到了自己的使命，用着"一定要这样做"的决心，并且为此而努力。

你们需要不断刷新自己，不断积极地寻求变化和发展。说得极端些，昨天的状态绝对不能保持不变。即使今天也认为这是最好的事情，但因为想法的不同也可能出现其他的道路。

你们今后也一定会遇到各种各样的困境，一定不能失去希望，要坚定信念，不断地探索无限的道路，寻找更好的道路，勇敢地前进。

图书在版编目（CIP）数据

道路无限 /（日）松下幸之助 著；王亚楠 译 .—北京：东方出版社，2024.3
ISBN 978-7-5207-3742-5

Ⅰ .①道… Ⅱ .松… ②王… Ⅲ .①松下幸之助（1894-1989）—人生哲学
Ⅳ .① K833.135.38

中国国家版本馆 CIP 数据核字（2023）第 216648 号

[SHINSOBAN] MICHI WA MUGEN NI ARU
By Konosuke MATSUSHITA
Copyright © 2007 PHP Institute, Inc.
All rights reserved.
First original Japanese edition published by PHP Institute, Inc., Japan.
Simplified Chinese translation rights arranged with PHP Institute, Inc.
through Hanhe International (HK) Co., Ltd.

本书中文简体字版权由汉和国际（香港）有限公司代理
中文简体字版专有权属东方出版社
著作权合同登记号 图字：01-2023-1699 号

道路无限

（DAOLU WUXIAN）

作　　者：	[日]松下幸之助
译　　者：	王亚楠
责任编辑：	刘　峥
出　　版：	东方出版社
发　　行：	人民东方出版传媒有限公司
地　　址：	北京市东城区朝阳门内大街 166 号
邮　　编：	100010
印　　刷：	北京文昌阁彩色印刷有限责任公司
版　　次：	2024 年 3 月第 1 版
印　　次：	2024 年 3 月第 1 次印刷
开　　本：	787 毫米 ×1092 毫米　1/32
印　　张：	6
字　　数：	70 千字
书　　号：	ISBN 978-7-5207-3742-5
定　　价：	68.00 元
发行电话：	（010）85924663　85924644　85924641

版权所有，违者必究
如有印装质量问题，我社负责调换，请拨打电话:(010) 85924602　85924603

本书日文版首次出版于1975年5月。

作为全球知名企业家，松下幸之助曾经影响了不止一代经营者，其经营理念、人生哲学备受全球读者推崇。伴随我国经济社会不断发展，中小企业越来越活跃，其对学习如何经营企业的需求愈发旺盛。为满足众多企业家的阅读需求，我社与松下幸之助先生创办的PHP研究所深度合作，陆续引进了PHP珍藏书系。目前已出版发行十余种，其中松下幸之助的代表作《天心：松下幸之助的哲学》备受欢迎。今后我们还将有计划地陆续推出"松下幸之助演讲集"等系列作品。

已出版图书一览

① 《天心：松下幸之助的哲学》(平装)(精装)(口袋版)
② 《成事：松下幸之助谈人的活法》
③ 《松下幸之助自传》
④ 《拥有一颗素直之心吧》
⑤ 《挖掘天赋：松下幸之助的人生心得》
⑥ 《如何工作：松下幸之助谈快速成为好员工的心得》
⑦ 《持续增长：松下幸之助的经营心得》
⑧ 《经营哲学：松下幸之助的20条实践心得》
⑨ 《经营诀窍：松下幸之助的"成功捷径"》
⑩ 《抓住商业本质：松下幸之助的经商心得》
⑪ 《智慧力：松下幸之助致经营者》
⑫ 《精进力：松下幸之助的人生进阶法则》
⑬ 《感召力：松下幸之助谈未来领导力》
⑭ 《应对力：松下幸之助谈摆脱经营危机的智慧》